大眾心理館
唯識心理學 6

鄭石岩作品集

國家圖書館預行編目資料

生命轉彎處：轉逆成順，化苦為樂／鄭石岩著.
-- 四版. -- 臺北市：遠流, 2010. 06
面；　公分. --（大眾心理館）（鄭石岩作品集. 唯識心理學；6）

ISBN 978-957-32-6645-7（平裝）

1. 修身 2. 生活指導

192.1　　99007751

大眾心理館

鄭石岩作品集　唯識心理學 6

生命轉彎處

轉逆成順，化苦為樂

作者：鄭石岩
執行主編：林淑慎
發行人：王榮文
出版發行：遠流出版事業股份有限公司
100 臺北市南昌路二段 81 號 6 樓
郵撥：0189456-1
電話：2392-6899　傳真：2392-6658
法律顧問：董安丹律師
著作權顧問：蕭雄淋律師
2010 年 6 月 16 日　四版一刷
行政院新聞局局版臺業字第 1295 號
售價新台幣 240 元（缺頁或破損的書，請寄回更換）

ISBN 978-957-32-6645-7
YLib 遠流博識網
http://www.ylib.com
E-mail: ylib@ylib.com

生命轉彎處

轉逆成順，化苦為樂

鄭石岩／著

總序

我的創作歷程

鄭石岩

寫作是我生涯中的一個枝椏，隨緣長出的根芽，卻開出許多花朵，結成一串纍纍的果子。

我寫作的著眼點，是想透過理論與實務的結合，闡釋現代人生活適應之道，提倡正確的教育觀念和方法，幫助每個人心智成長。透過東西文化的融合，尋找美好人生的線索。我細心的觀察、體驗和研究，繼而流露於筆端，寫出這些作品。書中有隨緣觀察的心得，有實務經驗的發現，有理論的引用，也有對現實生活的回應。在忙碌的工作和生活中，我採取細水長流，每天做一點，積少成多。

從第一本作品出版到現在，已經寫了四十幾本書。這些書都與禪佛學、教育、親職、心靈、諮商與輔導有關。寫作題材從艱深的禪學、唯識及心靈課題，到日常生活的調適和心智成長，都保持深入淺出、人人能懂的風格。艱澀冗長的理論不易被理解，特化作活潑實用的知識，使讀者在閱讀時，容易共鳴、領會、受用。因此，這些書都有不錯的評價和讀者的喜愛。

每當演講或學術討論會後，或在機場、車站等公共場所時，總是有讀者朋友向我招呼，表達受惠於這些著作。他們告訴我「你的書陪伴我度過人生最困難的歲月」，或說「我是讀你的書長大茁壯的」。身為一個作者，最大的感動和安慰，就在這些真誠的回應上：歡喜看到這些書在國內外及中國大陸，對現代人心靈生活的提升，發揮了影響力。

多年來持續寫作的心願，是為研究、發現及傳遞現代人生活與工作適應的知識和智慧。所以當遠流規劃在【大眾心理館】裡開闢【鄭石岩作品集】，期望能更有效服務讀者的需要，並囑我寫序時，心中真有無比的喜悅。

我在三十九歲之前，從來沒有想過要筆耕寫作。除了學術論文發表之外，沒想過要從事創作。一九八三年的一場登山意外，不慎跌落山谷，脊椎嚴重受創，下半身麻痺，面臨殘障不良於行的危機。那時病假治傷，不能上班，不多久，情緒掉到谷底，憂鬱沮喪化作滿面愁容。

秀真一直非常耐心地陪伴我，聽我傾訴憂慮和不安。有一天傍晚，她以佛門同修的立場警惕我說：「先生！你學的是心理諮商，從小就修持佛法；你懂得如何助人，也常常在各地演講。現在自己碰到難題，卻用不出來。看來你能講給別人聽，自己卻不受用。」

我聽完她的警語，心中有些慚愧，也有些省悟。我默然沉思良久。我知道必須接納現實，去面對眼前的困境。當晚九時許，我對秀真說：「我已了然於心，即使未來不良於行，也要坐在輪椅上，繼續我的教育和弘化工作，活得開心，活得有意義才行。」

她好奇的問道：「那就太好了！你準備怎麼做呢？」

我堅定的回答：「我決心寫作，就從現在開始。請你為我取下參閱的書籍，準備需要的紙筆，以及一塊家裡現成的棋盤作墊板。」

當天短短的對話，卻從無助絕望的困境，看到新的意義和希望。我期許自己，把東方的禪佛學和西方的心理學結合起來，變成生活的智慧；鼓勵自己，把學過的理論和累積的實務經驗融合在一起，成為活潑實用的生活新知，分享給廣大的讀者。

邊研究邊寫作，邊修持邊療傷，健康慢慢有了轉機，能回復上班工作。歷經兩年的煎熬，傷勢大部分康復，寫作卻成為業餘的愛好。從一九八五年出版第一本書開始，所有著作都經秀真校對，並給予許多建議和指教。有她的支持，一起分享作品的內容，而使寫作變得更有趣。

住院治療期間，老友王榮文先生，遠流出版公司的董事長，到醫院探視。我送給他一本佛學的演講稿，本意是希望他也能學佛，沒想到過了幾天，他卻到醫院告訴我：「我要出版這本書。」

我驚訝地說：「那是佛學講義，你把講義當書來出，屆時賣不出去，你會虧本的。這樣我心不安，不行的。」

他說：「那麼就請你把它寫成大家喜歡讀的書，反正我要出版。」

就這樣允諾稿約，經過修改增補，《清心與自在》於焉出版，而且很快暢銷起來。因為那是第一本融合佛學與心理學的創作，受到好評殊多。爾後的每一本書，都針對一個現實的主題，紮根在心理、佛學和教育的學術領域，活化應用於現實生活。

禪佛學自一九八五年開始，在學術界和企業界，逐漸蔚成風氣，形成管理心理學的一部分，企業界更提倡禪式管理、禪的個人修持，都與這一系列的書籍出版有關。

後來我將關注焦點轉移到教育和親職，相關作品提醒為師為親者應注意到心理健康、學生輔導、情緒教育等，對教育界也產生廣泛的影響。教師的愛被視為是一種能力，親職技巧受到更多重視，我的書符合了大家的需要，並受到肯定，例如《覺・教導的智慧》一書就獲頒行政院新聞局金鼎獎。

在實務工作中，我發現心靈成長和勵志的知識，對每一個人都非常重要。於是我著手寫了好幾本這方面的作品，許多家長把這些書帶進家庭，促進親子間的和諧，並幫助年輕人心智成長；許多大學生和初踏進社會的新鮮人，都是這些書的讀者。許多民間團體和讀書會，也推薦閱讀這些作品。

唯識學是佛學中的心理學，我發現它是華人社會中很好的諮商心理學。不過原典艱澀難懂，於是我著手整理和解釋，融會心理學的知識，變成一套唯識心理學系列。此外，禪與諮商輔導亦有密切的關係，我把它整理為禪式諮商，兼具理論基礎和實用價值，對於現代人的憂鬱、焦慮和暴力，有良好的對治效果。目前禪與唯識，在心理諮商與輔導的應用面，不只台灣和大陸在蓬勃發展，全世界華人社會也用得普遍。每年我要在國內外，作許多場次的研習和演講，正是這個趨勢的寫照。

二十年來我在寫作上的靈感和素材源源不絕，是因為關心現代人生活的適應問題和心理健康。我從事心理諮商的研究和實務工作超過三十年，個案從兒童青少年到青壯年及老年都有；類別包括心理調適、生涯、婚姻諮商等，我也參與臨終諮商及安寧病房的推動工作。對於人類心靈生活的興趣，源自個人的關心；當我晤談的個案越多，對心理和心靈的調適，領會也越深。

我的生涯歷練相當豐富。年少時家境窮困，為了謀生而打工務農，當過建築工、水果販、小批發商、大批發商。經濟能力稍好，才有機會念大學。後來我當過中學老師，在大學任教多年，擔任過簡任公務員，也負責主管全國各級學校訓輔工作多年，實務上有許多的磨練。

我很感恩母親，從小鼓勵我上進，教我去做生意營生。她在我七歲時，就帶我入佛門學佛，讓我有機會接觸佛法，接近諸山長老和高僧，打下良好的佛學根柢。我也很感恩許多長輩，給我機會參與國家科技推動工作長達十餘年，從而了解社會、經濟、文化和心理特質，是個人心靈生活的關鍵因素。如果我觀察個案的眼光稍稍開闊一些，助人的技巧稍微靈活一點，都是因為這些歷練所賜。在寫作時，每一本書的視野，也變得寬博和活潑實用。

現在我已過耳順之年，但還是對於二十餘年前受重傷所發的心願，珍惜和努力不已。希望在有生之年，還有更多精神力從事這方面的研究和寫作。寫作、助人及以書度人，是我生命意義中很重要的一部分，我會法喜充滿地繼續下去。

《生命轉彎處》

目錄

導讀

正向的生活智慧：唯識心理學的意義

唯識家指出：「萬法唯識」。識正確了，思考就清醒，生活就幸福。識被扭曲了，或者產生情染和執著時，心識活動打結，造成情緒障礙，思考決策錯誤，從而帶來痛苦，更嚴重的是生命意義的迷失。於是，唯識家採取相當嚴謹的態度，分析識的結構，了解其變化，提出「轉識成智」：把識的活動轉變成正向的生活智慧，以拓展積極的人生，共同開創社會的安寧和幸福。這樣的旨趣稱為「大乘」，唯識學是大乘思想中很重要的一部分。

《唯識論》幾乎就是心理學。它是正向的生活智慧，目的在引導一個人以積極正向的態度，去克服種種生活的困難，並以達觀的態度，去看種種的挫敗，重新看到光明的希望和對人生的領悟。

我把這套唯識論的精義，與現代心理學結合，用現代心理學的語言、思路和觀念，來活化它的意涵。期待它成為現代人心靈生活的資糧，成為歷久常新的人生明燈。除了可供一般人生活和心理調適的借鏡，也是覺悟修行上重要的用功方法。這套契合現代人思維和文化的結構性素材，我稱它叫「唯識心理學」。

唯識心理學的宗旨和重心，在發展個人正向的性格、態度、情緒和優點，並引導一個人作正向的人生覺悟（正等正覺），找出有限生命的無盡希望。

作為一個心理學的研究者，很容易就發現，心靈世界中的「識」，透過個人生活經驗，影響人的行為和心情，左右其生涯和幸福感。因此，務須在現實生活中，培育正向的態度、情緒、品格等。此外，個人心靈生活，還包括龐大的文化和集體意識，而且大部分是潛意識的範疇。我深信文化、宗教和民俗之中，所蘊藏的內容，包括儀式、風俗、節慶以及對生命的傳述，有著深遠的影響。如果這些素材沒有經過「轉識成智」的過程，變成現代生活場景中正向的態度、正向的情緒和自我效能，人就可能迷失，產生負面的干擾。唯識心理學在這個層次上，扮演著正向的角色。

人生是否過得幸福、有意義、覺得法喜充滿，決定於你是否具備正向情緒、正向性格和正向的德行或品格。打造這些正向心理特質的關鍵，就是轉識成智，就是從唯識心理學出發。

生命是一個不斷調適、成長和圓融的過程。因此，生命是艱辛的，也是絢爛的。它既要面對許多困窘和挑戰，也能在調適轉變的同時，看到柳綠花明的新天地。生命須用愛來沃壯，才能發展雄渾的活力，又要以智慧開啟創意和新猷，這樣才有希望和前景，才能顯現意義和價值。

唯識心理學就是用「悲智雙運」，並透過轉識成智來創造生活和豐富生命，並覺悟到究竟第一義諦。

多年來我從事心理輔導和諮商的研究，結合西方的心理學和東方的心學，用來協助人們發展潛能，並協助適應困難的人找回幸福。現在，我把多年累積的知識和經驗，融合唯識論和心理學的學理，建構唯識心理學，它的主要意涵包括：

- 對生命奠定正向的觀念和領悟的基礎。
- 陳述應變的智慧和生活調適的方法。
- 提出生涯發展和心理健康的綱領。
- 揭示精神成長的方向、方法和究竟義。
- 提供唯識心理輔導和諮商的學理。
- 釐清學佛的正確觀念和行持要領。

我們正面對二十一世紀的衝擊，不只是金融風暴或環境劇變在影響生活，此後社會變遷將更快速，經濟生活和生產方式變化更迭更是驚人。可以預見，生活緊張、競爭激烈，加上失業的壓力，導致許多人產生無力感和無助，以致憂鬱、沮喪和焦慮的人口增加。

資訊時代的虛擬文化，也造成眼高手低、挫折容忍力不足的世代，容易挫敗灰心，甚至鋌而走險，為非作歹，這將會是社會不安和紊亂之源。唯識心理學提出正向的行動建議，幫助每個人找回正面的生活態度，奠定幸福人生的基石。

科技越發達，生活水準提高，對於安身立命和生命意義的追尋，理應受到更多的重視，所以生命教育已然成為各國關切的問題。唯識心理學對此亦作了正向的討論，並關心生命終極意義的實現。

此外，佛教的信仰和修持，必須配合現代生活的需要，當信仰和生活相融，不致造成疏離或衝突，才能做到解與行相應。唯識心理學提供了科學和清晰的解釋，讓修持者有清楚的實踐方法。

到目前為止，唯識心理學已完成六種作品，都以唯識論中「心所法」為藍本，結合心理學理論和實務經驗，所建構出來。它們包括：

● 《換個想法更好》的主軸建立在「遍行」心所上，著重生活和工作的調適，增進自我效能，以實現豐足喜悅的人生。

● 《尋找著力點》的基礎是「別境」心所，具體討論生涯發展和開展成功人生的要領，並探索生命的意義與價值。

● 《勝任自己》以「善法」心所為藍本，陳述正面性格，從發展健康的自尊、面對真實、學習自律三方面去發展勝任自己的特質。

● 《精神體操》是從「六度」發展出來的正向德行，透過正向的品格和培養心靈的長處，克服心理困境，開展全新的精神力，以實現光明的人生。

● 《過好每一天》是從「煩惱」心所轉化來的正面情緒指標，透過情緒智慧的養成，發展法喜，增進身心健康，實現亮麗的人生。

● 《生命轉彎處》是透過唯識論中轉識成智的精神，把生命的歷程串聯起來，去作調適和實現，並觸及終極關懷的主題，著眼於人生的全面思考。

二十一世紀甫一開始，美國心理學家馬汀·塞利格曼（Martin E. P. Seligman）就提出「正向心理學」的觀念。他指出：「現代人迫切需要美德、生命的目的，正直及生命的意義。」長處與美德幫助我們抵擋心理疾病，解除痛苦，並帶領我們達到永久性的高峰：生命的意義和目的。

我從事唯識學的研究和心理諮商實務應用已近三十年，總覺得唯識學中的許多寶貴觀念，都甚為正向，對人生有益，所以針對其實用性加以整理。希望這套書能給廣大讀者，帶來美好的生活智慧。

自序

看出心靈生活的希望

生命就像一條大河，它不停的向前奔騰，迂迴轉彎，須克服種種險阻，才能邁向光明的未來。

生命的真諦是實現，而不是追求；是面對現實環境，懂得轉彎迂迴和成長，而不是橫衝直撞或逃避。

很多人都汲汲於追求幸福，越追越抓狂，幸福還是沒有找到，甚至因為太急切了，壓力過大，以致身心俱疲，導致失望沮喪、憤世嫉俗或自暴自棄，因而造成心理失衡或精神失常。

追求幸福是人之常情，但若是無止境的鑽營，就將造成身心耗竭或精神生活的解體。然而，追求總是一廂情願的想法，我們真的能從追求中，獲得到想要的嗎？多年來的心理諮商經驗讓我明白，答案是否定的。一味的追求，並不能獲得幸福的喜悅。

從諸多個案的觀察和體驗中發現，幸福不是來自追求和佔有，而是源自把握當下。每一個人都有一個現實，他必須了解它、發揮它，用它去延伸，去創造更多成功的經驗和喜悅才行。

運用自己的現實，去創造成功的經驗，發現個中的喜悅和價值，從而建立健康的自尊，則能使人充滿信心，有能力和勇氣面對眼前的困境；充滿興致，去過好每天的挑戰；抱持希望去憧憬未來的生活。反之，如果一味追求，將會犧牲生活的許多樂趣，使人生變得困頓勉強。無盡尼有一首詩說：

終日尋春不見春，
芒鞋踏破嶺頭雲，
歸來偶過梅花下，
春在枝頭已十分。

現代人就是不停的追逐，才會有諸多心靈上的煩惱與痛苦。我們的教育，打從國民小學開始就教導追逐，強調贏在起跑點上。那種醉心於贏，強烈地想賽過別人、希望別人拜倒在自己跟前的態度，使一個人窮追猛打，身心耗竭，到最後虛脫地倒了下來，心靈上完全的疲憊。

從實務經驗中，不難了解現代人精神災難的線索。它的真正原因是，沒有機會試探自己的興趣，無從發展多方面的能力，疏於學習了解自己、接納自己、實現自己，不能用自己的天賦、資糧和環境，走出光彩的人生。洞山禪師對生命的真諦，有著深遠的體驗，他說：

切忌從他覓，迢迢與我疏，
我今獨自往，處處得逢渠，
渠今正是我，我今不是渠，
應須這麼會，方得契如如。

洞山在雲巖門下悟道，經過一段時間，他辭別了師父準備行腳參訪，去追求生命的真理。他的老師雲巖為他送行。途中洞山問道：

「將來如果有人問道，你的教育方針是什麼，我該如何回答呢？」雲巖直截了當地回答說：

「就是這個。」

當洞山接下去問「什麼是這個？」時，雲巖回頭就走，一句也沒有再說。於是，洞山一路行腳參訪高僧大德，一路想著什麼是「這個」。直到有一天，他在過河時，從渡船上看到河面浮現自己的倒影，才恍然大悟，原來雲巖所說的「這個」原來就是「現成的自己」，於是寫下上述動容千古的《洞山偈》。

不過，人想要從現成的自己中活出喜悅，從自己的際遇中看出生命之道，並非易事。於是唯識家提出《唯識論》，對生命的開展提出真知灼見。他們認為：

- 人要懂得把握普遍影響行為的因素，不斷調適自己的生活，這就是善用「遍行」法門。
- 每個人都是唯一獨特的個體，無論他的生涯，或每天所面對的事情，都是一種別境。他必須找出自我實現的方法才能有成功的生活和生涯，那就是「別境」法門。
- 生活是一個不斷挑戰的過程，必須不斷的學習，才能使心智不斷成長，讓自己生活得幸福，並領悟到生命的意義，這就是「善心」法門。

● 煩惱和病苦是生命的本質，人必須懂得解脫煩惱，洗滌心中的種種衝突、矛盾和敵意，才能從紛繁的病苦中解脫出來，這就是超越「煩惱」法門。

唯識家除了提出這些法要之外，他們也提出唯識的人格理論：揭示三性三無性。說明沒有本質的我，只有經驗的累積和自我意識所形成的「自我」。這個「我」怎麼想，就會怎麼感受；「我」有什麼行動，就形成什麼意識世界。

為了解除生活上的痛苦，他們透過「轉識成智」的方法，運用前述遍行心所、別境心所、善心所和煩惱心所，轉識成智，把煩惱、挑戰和障礙，化成一種成長的資糧，使心靈得以不斷成長，去創造和實現生命。

我研究《唯識論》多年，並將這些轉識成智的技巧，用在心理諮商實務上，名曰唯識心理學。《生命轉彎處》側重在心理輔導、諮商的實務，把理論架構予以整合，並著眼於精神生活更高的層面上；以生活的調適、生命的實現和心靈的終極關懷為目的。這是一本討論提升精神生活、維護身心健康、實現幸福生活的書。更重要的是，它已觸及生命的希望和終極意義，讓你找到安身立命之道。

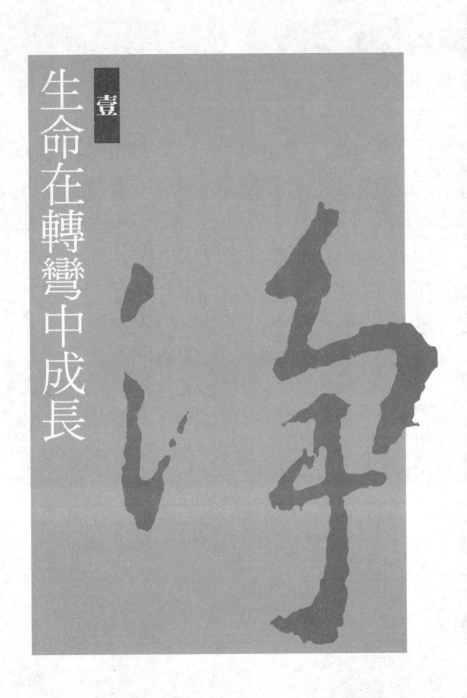

壹

生命在轉彎中成長

唯識心理學的使命

生命像一條河流，
不斷的迴轉蜿蜒，
才能克服險阻、融納百川，
匯為滔滔巨流，
奔向寬闊的大海。
這完全拜「轉識成智」之賜，
我們把這位朋友，
叫做唯識心理學。

1 現代人的處境

自由的社會給予個人尊嚴和肯定，但人們必須走出心理上的依賴，去做自由的思考和判斷，否則就會迷失方向。

現代人生活在自由開放的社會裡，競爭、忙碌和不斷追求經濟的成長，因此所承受的生活壓力極大。又因為生活在多元價值體系下，擁有多重選擇的自由，而價值上的衝突，往往成為心理生活的壓力。自由的社會給予個人尊嚴和肯定，但人們必須走出心理上的依賴，去做自由的思考和判斷，否則就會迷失方向；然而放棄依賴、走向自由其本身就是一種壓力。

社會的變遷快速，科學工業一日千里，經濟生活方式不斷進步改變，人必須不斷跟隨成長，否則難免遭到淘汰的命運。於是，生活壓力提高，情緒失調對人類的健康便構成嚴重的威脅。依從事心理諮商的經驗觀察，我認為在不久的將來憂鬱症將成為威脅人類健康的重大殺手這件事，可能性是很高的，因為未來的社會變遷會更快，人的心靈生活所受到的壓力和挑戰也就跟著升高。

人類不斷追求成長、自由與開放，這是一個不爭的事實。眼前就是一個高度資訊化的社會，人生活在這樣的體系下，從生產到消費，你必須掌握資訊，用以了解和研判；從思考到決策，你必須依據資訊，以便處理更多的資訊。試想想，光是股票、匯兌、金融就足以令人眼花撩亂，可是你卻生活在其中。任何人都不可能置身於繁複的現代社會生活之外。一次經濟衰退就可以使人傾家蕩產，一回金融風暴，即可能平白遭受損失。每天跟著這些變化走，利害得失，忙碌競爭，自然可以了解世界衛生組織所做推估的可能性極高。

事實上，以實際從事心理諮商的經驗看，憂鬱特質的人數，正快速的增加之中。因此，我們要去面對現代生活中的心靈問題，特別是心理健康的課題。

此外，現代社會由於急功近利，道德觀念已日漸衰微。人們為了利益而忽略公義，為了經濟生活而不顧精神生活，於是造成了犯罪、暴力和社會亂象等問題。自由開放的社會誠然可貴，但在自律的習慣和守法的態度尚未建立之前，自由可能被誤用，而社會的安定和生活的品質，就因此而受破壞。

2

識決定了人生

人類痛苦的來源是自我中心和執著所形成的。生活在現代社會，如果不能鬆開我執的繩結，生活壓力和情緒困擾就會帶來諸多無奈的痛苦。

人的所思所行，不止影響現在的生活，同時也影響未來的適應，乃至涉及精神生活的終極目標。這提醒一個人必須自愛，因為自己的所做所為正是他回覆生命的答案，無從隱藏，也無從造假。人在意識世界建構的是快樂的淨土天堂，自心就存在於淨土天堂；建構的是惡行惡意，自心就存在於痛苦的地獄。

人的心靈活動及行為反應，乃至性格特質、情緒狀況等等，都是「識」所變現的。因此，要注意識的變化，才能維持良好的精神生活；更要看清楚人生就是識的活動和表現，它不是固定不變的存在體，所以叫「無自性」。於是，我們要參透到識的背後永恆存在的圓成實性（自性），而識的變化有如過客。當一個人對此有所省悟時，就能減少我執，減少顧影自憐、驕傲自大、自卑羞怯、自嘆不如等痛苦。人類痛苦的來源是自我中心和執著所形成的。我怕、我要、我貪、我瞋所造成的癡與執是痛苦的根源。生活在現代社會，如果不能鬆開我執的繩結，生活壓力和情緒困擾就會帶來諸多無奈的痛苦。

從唯識心理學看來，人的名字、對自己的看法，乃至自己的價值觀念，都是周遭的人在平常生活中賦予你的，那是因緣所生法。某甲在成長過程中，把別人對待他的看法和態度，歸納起來，以為那就是自己。因此，孩子如果從小就常被指責、羞辱、批評和中傷，他就會形成一個「不好的我」。

反之，假若一個人的成長歷程中得到較多的成功經驗、信任、讚賞和肯定，就會萌發出一個「好的我」。具有「好的我」的人，表現出信心、主動和樂觀；具有「不好的我」的人，就顯得自卑、退卻或自暴自棄。《唯識三十頌》一開始便說：

由假說我法，
有種種相轉；
彼依識所變，
此能變為三。

自我觀念是因緣和合構成的，所表現出來的，都是識的變化，它的變化包括潛意識（阿賴耶識）、自我意識（末那識）和意識活動（意識）。

人生有如披上戲袍的演員，各有各的角色，都是識所變現的。當然，人生就是要演一齣好戲，不過戲演完了，你會脫下戲袍看到真正的自己。你能看出如戲的唯識觀，執著就會減少，心靈的自由就能顯現出來，陷入傾軋掙扎的可能性降低，計較、貪婪、敵意之情自然減少，心情就不會陷入水深火熱之中。

3 精神成長的歷程

唯識學最重要的關鍵就是：精神生活的不斷成長，從自我延伸到人群，最後把自戀式的自我伏滅，而開展出無我的實性真我，這是生命教育的終極目標。

人隨著生活經驗的累積，加上理性的思考，會改變想法，調整習慣和行動，使自己活得更有效能，精神生活隨之成長、圓熟，這就叫轉識成智。

唯識家把它分成五個階段，這五個階段同時也是五個實踐方法：

- 資糧位：側重培養幸福人生的資糧，學習良好的生活習慣、規範和解決問題的能力，建構良好精神生活的基礎。
- 加行位：側重智慧，看清人生的本質；我們要以愛與智慧來實現人生，但也明瞭生命的有限性，而不執著情染，從而保持清淨清醒。
- 通達位：泯除自我中心的執著，消除能取和所取所構成的防衛性，讓心靈得到自由、喜悅和自在感。

● 修習位：從我執中解脫出來，把不安、防衛、焦慮的煩惱種子轉為清淨；把所知的種子淨化成智慧；從而發展出悲智雙運的力量，奉獻自己，濟世助人，實踐覺有情的菩薩道。這是一種無私的愛。

● 究竟位：經由生命的實現，心靈已經成熟，參悟到生命的究竟，而親嘗本體世界之美善。

這五個步驟，可以解釋成完美人格的實踐歷程；從學習、成長、解脫自我中心、實踐悲智雙運的菩薩道，到完成唯識性的證驗。

唯識學最重要的關鍵，也是最值得現代人學習的地方就是：精神生活的不斷成長。從自我功能的學習與成長，到自我的延伸，而向外去愛人、服務人群，最後把自戀式的自我伏滅，而開展出無我的實性真我，這是生命教育的終極目標。

4 精神成長的動力

唯識心理學運用「心所法」，讓個人從障礙、失衡和煩惱中解脫出來，維持心理健康，過快樂自在的生活。

唯識心理學是一門實用的心理學，主要在於運用「心所法」，轉動個人內在的業識，把它提升為成長的動力，以實現幸福成功的人生。讓個人從障礙、失衡和煩惱中解脫出來，維持心理健康，過快樂自在的生活。「心所法」主要有四個領域：

- 遍行心所：這是闡明普遍影響行為和心理的因素，把握這些因素，就能有效的調整自己，以適應生活的現實和挑戰。
- 別境心所：每一個生命都是一個別境，是唯一的、獨特的，因此人想要活得幸福，就必須個別獲得實現。每個人在面對生活的挑戰，解決其所遭遇的問題時，也是個別的；每個人回應同一個問題時，總會有不同的答案。

在別境心所中，我們用它來討論個人如何實現其生命的意義。

- 善心所：這是心智成長的法門，透過十一個善法，促進心智成長，讓自我功能得到增強，精神得以成長。
- 煩惱心所：旨在闡明心理困擾和煩惱的起因，以及如何解脫這些生活和情緒上的痛苦。

這四個部分是唯識心理學的主要骨幹，我多年來運用這些理論和結構性的技巧，進行教育理論與實務的思考，並用於實際的輔導和心理諮商上，透過經驗的累積，以及實務工作的領悟，留下許多心得。於是把遍行心所的運用心得，寫成《換個想法更好》；把別境的理論與實證經驗寫成《尋找著力點》；把善法的應用寫成《勝任自己》；把煩惱法的實用技巧寫成《過好每一天》；後來又把善法的實踐寫成《精神體操》各書。

綜合前述四個領域，構成一個體系，使理論與實務相貫連，相信對於教育、心理輔導及諮商工作者，能提供新而實用的概念和方法。對於一般讀者，也是幫助自我修煉和成長的良好指引。

5 生命的希望

生活是無常的，我們每天都要面臨考驗，都要把握轉彎的要領，這樣我們才能活得好，才不會在無常的浪濤中翻覆。

生命是一個不斷面對挑戰，透過解決問題，而生存下去，並促進心智成長的過程。每一個人都是一個別境，有其獨特的發展方向和目標，但最後的目的是生命的實現和精神成長的圓滿。

人可以選擇自己的生涯方向，卻不能選擇他的遭遇。他必須運用他的識，改變其想法，做必要的調適。於是每遭遇一個困難，都像行船於河流一樣，他必須懂得轉彎，懂得調適，而且要在這個過程中獲取知識，得到啟發，生命才會雄渾有力，精神才能不斷成長。

生活是無常的，時代在變，社會結構在變，潮流和思想都在變，我們每天都要面臨考驗，都要把握轉彎的要領，這樣我們才能活得好，才不會在無常的浪濤中翻覆。

當生命漸漸圓融時，我們會有所領悟：「啊！我知道要這樣生活才對！」這就是「如是生活」，就是不斷的覺察和成長。直到生命的終點，我們該說：「啊！我對自己的人生，大抵感到滿意，因為我知道怎麼生活、怎麼操舟度過這條生命之河。」（即摩訶般若波羅蜜）

最近心理學做了許多瀕死經驗（near death experience）的研究，調查訪問死而復甦的人，發現有所謂共同臨床死亡經驗。其中談到當事人死後，會面對一個光體，並和他有心念的交流。其溝通的內容包括回憶當事人一生，並請他回答他一生是否過得快樂，是否用愛與智慧來生活。

唯識心理學就是要引導每個人透過愛與智慧，在生命過程中懂得轉彎，進而實踐幸福快樂的生活。當生命到了終點時，能頌出佛陀的銘言：「我生已盡，梵行已立；所作已作，自知不受後有。」

這時智慧已經開啟，功德已經圓滿，生命也因之而得到實現，不會再有煩惱和不當的餘習，這就是生命的圓滿答案。

這本書所討論的，也是這個重要的法門。它包涵了世間的幸福和喜樂，也涉及永恆精神生活的希望。

貳

生活的調適

遍行法門的運用

生活就像高空的飛鳶，
牠們調整身翅，輕輕划動，
隨著氣流躍升，
風力弱了，改變一下羽翅，
就能滑翔得久，飛得遠。
遍行法門，
就是你生活調適的秘笈。

1 不斷學習才能面對無常

人要學會振作，因為應付無常和變化，是一件艱難的事，但在辛苦之後，卻能感受到樂趣和喜悅。

生命是一個不斷調適和轉彎的過程。

我們生活的環境不斷的變化，無常迅速，時代在變、潮流在變、社會在變、大自然也在變。生活在這樣的環境下，必須覺察變的事實，找出應變的方法。我們所依賴的是智慧、是彈性、調適和思考；而不是用一個僵化的觀念和既有的知識。知識是一種暫時性的工具，當生活環境改變、新的問題出現時，就必須重新組合它，或者創造新知，以應付新的處境。

佛陀在菩提樹下悟道後，開始他的教育工作；他不厭其煩的指出無常的事實。在阿含藏裡，他教誡弟子認清生活的矛盾就是無常，只有透過覺察才能看出變遷，看出問題的所在，並找出解決的調適之道。

於是，他教導弟子要當一個覺者，要捨去僵化和成見，捨去對人的敵意和仇恨，才能保持空性的智慧，面對無常，看清真實，從而生活得健康，福慧增長。

執著於舊的思考，表示無力應付新的挑戰。

執著於名利的佔有，表示被匱乏和不安所困。

執著於己見，表示不能接納新知。

執著於自我中心，表示規避與別人共存的現實。

執著於成功的經驗，則暗藏下一步失敗的種子。

心理健康的根源，優勝劣敗的關鍵，生活是否幸福，都決定於如何面對無常的變化。乃至整個生命的無常，都必須對它有所覺察，看清楚它的本質，你才不會做了錯誤的回應。

錯誤的回應是痛苦的來源。

生命的過程，就是面對無常，用智慧和慈悲，用謙虛及沒有成見的空性，去實現對生命的愛，去看出生命的希望，讓自己不斷的向上提升。

所以修行的重心就是不斷調適自己，修正錯誤行為，以適應變遷的環境。任何一個時代，任何一個個體或團體，都必須在變遷中自行調適，否則就注定要痛苦、要失敗。甚至，連死亡也是一種調適和成長；不過，自殺不是調適，它是一種逃避或放棄，不是精神的成長，而是一種墮落和潰敗，是生命的徹底潰敗。

人要學會振作，因為應付無常和變化，是一件艱難的事，但在辛苦之後，卻能感受到樂趣和喜悅，所以調適的過程是先苦後樂，是先付出代價再嘗甜頭的喜悅。如果一個人沒有養成這種正確的態度，而生活在拈輕怕重、逃避責任之中，他的一生將會是沮喪、缺乏喜悅和朝氣的。

我們所生存的大環境變遷非常的快；就拿經濟生活來說，傳統工業的產品，在市場上競爭不過勞力充沛的國家時，經濟就會開始衰退，工廠關門，失業成為嚴重的社會問題。在失業潮之中，有人很快就能調整自己，學習新的創業能力，有些人則被失業擊垮，憂鬱沮喪，站不起來。

調整自己的動力是學習。

學習是從現實生活和工作環境中，發現解決問題的方法，找到保持心智平衡的契機。學習不只限於白紙寫黑字的閱讀。從實用知識和解決問題能力的角度看，有70％的知識能力，是從實際生活和工作中學來的。

公元兩千年，大台北地區的捷運系統陸續完成，計程車業受到很大的打擊。他們的營業額短少，許多業者叫苦連天，我經常聽到他們的抱怨，大嘆苦經。確實，他們的生意被便捷的捷運接手了，不過，在這困境之中，卻也看到人性光明面的事例。

有一次，我從捷運站下車，轉搭計程車趕赴一場演講，習慣性地跟司機先生閒聊幾句：

「先生！生意不錯吧！」

「生意還不錯！」他的精神好，滿臉笑容。他從後照鏡裡認出是我，叫了我一聲鄭老師，接著說：「啊！今天能載到你可真是貴客！我經常聽你的演講，受益很多。」我說：

「大家都在抱怨景氣不好，你怎麼維持得不錯？」

「你說得不錯，要學習和調適。捷運系統通車之後，我的生意真的掉落到七成。不過，我用了整個月的時間研究行車動線，每天記錄載客的地方，找出客人最密集的地點和路線。這是為什麼別人在大嘆苦經，而我仍能維持得不錯的原因。」他興致勃勃接著說：

「你在演講中說得很對，要在工作中學習，作計程車生意，也要學習。你知道嗎？今天能載到你這個客人，對我而言，可不是偶然載到的，而是從我的經驗累積中載到的。我的車子剛剛下了客人，本來我應該直走的，但經驗告訴我，要轉到這邊來，就這樣碰上你這個客人。」

我們談得很愉快，我要下車時，他從抽屜裡拿了一疊紀錄給我看，笑著說：「老師！這裡記載的就是我的營業機密。」在短短邂逅交談中，他還告訴我，他正在參加一項經理人員的進修，我看到這種人的臉上，總是綻放著樂觀和主動學習的笑容。

調適就是學習，學習就是調適。《唯識論》對於調適的行動，提出五個結構性的因素，稱為五遍行。所謂遍行就是普遍影響行為的因素。也就是說，只要改變這五個因素中的一個因素，都會導致行為的改變，而產生調適的行為。以下各節會詳細說明。

2 普遍影響行為的因素

要想改變心情，就要改變自己的想法，採取新的行動。想要有新的行為，就必須要有新的心情和看法。

唯識學告訴我們，意識的作用是整體性的。你所接觸的事物、受到的刺激、遭遇的事件，都會引起你的注意，產生你的想法，引起你的行動，伴隨而來的是你的感受和情緒，以及存續在心中餘波蕩漾的思念。這樣的心理現象稱為遍行。觸、作意（注意和行動）、受、想和思五個心理因素，彼此互相影響和干擾。因此，只要有一個因素變動，其他的因素也跟著變化。圖示如下頁。

1.觸：個人所接觸的人、事、物及環境等等。除了客觀情境之外，接觸時內在所產生的第一念，都在影響我們回應的方式。

2.作意：當一件事情發生時，你注意的點在哪裡，就在那裡思想、感受和回應。著眼在消極面就產生消極行為，著眼在積極面就產生積極的態度。

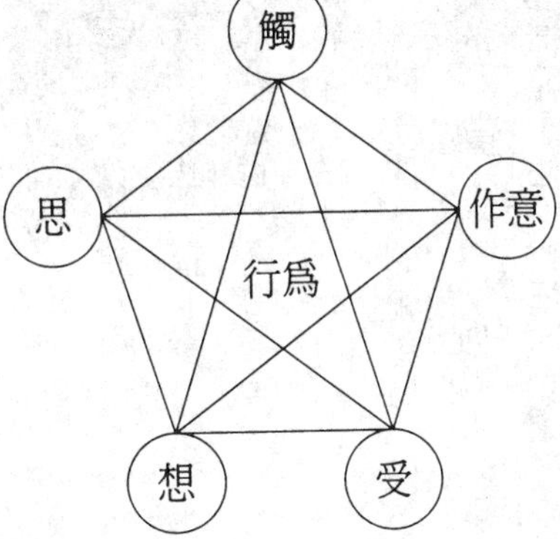

3.受：面對一個事件或生活遭遇，當時的心情和感受，會影響認知和判斷。

4.想：個人的思考方法和習慣，決定其行事風格，甚至關係其成敗。

5.思：人的過去經驗、學習的行為和價值觀念，支配其思考、情緒和行為。

痛苦的感受，是由於識的變化所產生的：想法決定了感受，也決定了行動和自己的心情。因此，輔導和諮商的要領，在於掌握普遍影響行為的五個因素（五遍行）。只要你能調整一個因素，其他四個因素也會跟著起變化，健康或正確的行為就能建立起來。

就拿樂觀與悲觀兩種人來說。樂觀的

人積極進取，對於生活中的挑戰，比較有毅力去面對它，凡事有較好的信心和把握；他們比較健康，工作效率好，成就也比較高。至於悲觀的人，想到的都是困難和畏懼，傾向於逃避退縮，心情沉重；他們缺乏進取，所以情緒比較憂鬱，工作的效率也受到影響。

樂觀的人遇到挫折或困難時，想法是「啊！這個挑戰背後，必然是一個新的里程碑；雖然現在我還不知道怎麼辦，但我可以研究和學習，尋找解決之道。」這樣的想法，讓他產生積極的行動，去學習和研究，去找人協助，於是心中的感受是充實的，是抱著希望的，自然他們的情緒就比較好，心中所思念的也是一個好的夢想。

而悲觀者的想法是「糟了！真倒楣，又碰上難題了。」於是採取了逃避或隱瞞的行動，把事情拖過去就算了。由於退卻的想法，造成了拖的行動，產生消極的情緒，心中存積的念頭是不安、無奈和痛苦。

於是，要想改變心情，就要改變自己的想法，採取新的行動。另一方面，你想要有新的行為，就必須要有新的心情和看法或想法。在心理治療上，遍行的意識改變技巧，已被推廣運用，可以用它來改變人的行為、想法和情緒，使痛苦的人得到治療，使生活適應不良的人得到改善。遍行技術若結合西方的現實療法，可以有效地用來改變不適應行為。當然，遍行技術也可用來作為個人心性修養的法門，資以培養積極主動性、樂觀曠達和調適心情。當一個人遇到困難時，要捫心自問：

「我遭遇的是什麼？我想要的是什麼？」

「目前這樣做對我有益嗎？是我真正想要的嗎？」

「如果我想改變，要從哪裡著手？計畫如何？」

人若能透過遍行技術，形成計畫，落實去執行，可以使自己過得積極成功。想法和作法決定情緒，情緒也干擾了想法和作法。樂觀與悲觀的分野；憤怒和沉著的差異；貪婪與公義的分際；傲慢與謙和的表現；焦慮與自在的區隔，都可從五遍行的觀念和技巧中得到解釋。

悲觀的想法和情緒，不但影響人的健康，也影響人生的成敗，所以特別再舉例說明：人生很像一條船艦，在大海中航行。由於競爭和種種意外，我們免不了碰撞，以致船殼破洞進水。如果船裡頭有隔艙，只要把艙門關起來，受創的只是一個艙進水。如果沒有隔艙，就會不斷進水，導致沉沒。

樂觀的人看到挫折和失敗，會對它做區隔，知道自己的損失和痛苦在哪裡，也知道他還有許多可以運用的資材和機會。能在這上頭作意、想法和行動的人，就能產生好心情，積極振作起來。

反之，把一件挫折，看成是整體人生的挫敗，那就像船艦沒有隔艙一樣，氾濫起來，造成大災難，那就是消極悲觀。在心理諮商的實務中，可以看出善用遍行技巧的人是健康的，不懂得運用它的人，往往成為人生的挫敗者。當然，在學佛的歷程上，要成就覺者的圓成性格，也要從遍行技術的運用中去努力，前面所謂唯識的五位，其實就是要與這個技巧相銜接運用，才會具體落實。

透過這個唯識法門，可以做許多生活調適的工夫，只要多加練習，就能嫻熟的運用。例如心情鬱卒或憂鬱，通常由於腦內啡（endorphine）分泌不足。這可以透過運動而恢復其化學平衡。若採取「每天運動一小時」的行動，經過數週之後，心情便會改善，生活態度也比較積極振作。這在心理學上已獲得實驗證實。因此，人只要肯採取正確的「行動」（觸），每天去運動，便能產生新的態度、感受和情緒；同時在思考和記憶方面也會有明顯的進步。

失戀的青少年，若把失戀想成是「人生的破滅」，就會陷入絕望的感受和情緒中，從而痛苦不堪，引發厭世自殺的念頭，最後採取了行動，了卻他的一生。這是不當的想法，導致悲劇收場。反之，他的想法如果是：失戀只是現在，我可以再去創造新的愛情；自己的人生除了愛情之外，還有許多友情、親情、手足之情；並且除了感情之外，還有事業、學業值得開拓，有諸多興趣值得培養，有各種發展可能性在眼前。若能區隔出「失戀」只是林林總總生活內容中的一項挫折，而且以後還可以去開拓新的愛情，那麼這種想法，會帶給一個人新的行動和情緒，而創造生活的新機。

人可以透過悲觀的想像，把自己的情緒弄得很糟，不久之後，想法和行動就跟著起了消極的變化，連對於周遭的事物都會覺得不帶勁或者看不慣。相對的，如果從積極面著眼，去發揮手中所握有的少數資糧，就能讓人振作起來。想法決定你的行為和人生，你怎麼解釋自己的遭遇，就怎麼過活；悲觀的解釋，就帶來鬱卒；樂觀的解釋，就引發快樂和振作的態度。

3 調整接觸的人與事

學習與人合作、與別人相互尊重和支持的人，在情緒上顯得愉快安定，在思考和解決問題能力上，也表現得較為傑出。

你在接觸人或事物時，當時的情境和內在浮現的第一念，決定了你的遭遇是什麼。內在的第一念是指個人過去的經驗，從唯識論的觀點來看，它包括過去累世所積習的業識，它是種子，也是反應環境的原始心力。它未必是正確的，而是要透過覺察和反省，才能做出正確的回應。因此，在情境和第一念之間，必須保持一個重要的機制，那就是清醒的覺察。唯有覺察才能調適所接觸的情境。

悲傷與不利的情境

人所接觸的環境，會深深地影響其行為和態度。憂傷的環境會引發憂鬱和沮喪，相對的，愉快的環境就能帶來好的心情。一位喪偶的女士來晤談。她顯得很沮喪，被一種強烈的不安所困擾。她總覺得自己也會死去，然後擔憂孩子將來沒有人照顧。這種沉重的心情，尤其在下班回家之後，就更加強烈。

在晤談中她說：「先夫過世之後，家裡的擺設從未更動，甚至連他的衣物和用具，都留在原處。」她一再強調，捨不得把那些遺物收拾起來，兩年多來一直保持原樣。我知道保持原來的擺設和衣物，無異每天觸景生情，而使憂鬱和對死亡的恐懼加深。於是建議她，收拾其先生的衣物，重新裝修家裡的格局，以免繼續陷入情緒困擾之中。

起先她無法接受建議，經過兩次的晤談，她終於採取行動，大幅更動家裡的裝潢，把先生的遺物整理打包，除了具有紀念價值的物品留下來之外，其餘的衣物，該捨的就捨，該回收的回收。兩週之後，家裡煥然一新。她說：「割捨讓我走出創傷，重新布置家裡，讓我心情好轉。剛一開始，我雖然有些捨不得，甚至覺得過意不去，可是現在，我覺得這樣做是正確的，心境上也擺脫兩年來陰霾無助的感受。」

人在生活中所接觸的光線和顏色，也會影響心情。比如說陽光亮麗的地區，憂鬱症的人口，顯然比陰霾多雨的地區要少許多。孩子們的書房，如果紅色和橙色系的光線或顏色太強，就不容易專心用功；四周燈光太暗，只有一盞孤燈，兒童會待不住，一直想往外跑。

人際互動就是一種觸，你交往的人是積極樂觀的，他們的積極態度和思考習慣就會影響你，讓你也成為樂觀上進的人。所接觸的人是防衛、批評和善嫉的，你也會漸漸沾染上這種習氣。人總是從接觸的人身上，不自覺地學習其態度、價值觀和思考模式，最明顯的就是親子間的互動。焦慮不安的父母，透過言行舉止，表現其不安、過度憂慮和懼怕，其子女也會染上同樣的行為特質。

許多父母親對孩子愛之深責之切，其愛心可感。但愛心須是有能力促進孩子的心智成長；責備必須採取適當的方法，才不致傷害孩子的健康與自尊。倘若孩子每天接觸的父母師長，具有以下特質，其心智與人格成長，將受到扭曲。

- 習慣性地糾正孩子的缺點，而忽略欣賞或讚美孩子的優點。
- 用威脅或處罰來鞭策孩子用功，而不是培養孩子求知的興趣和主動性。
- 對未來充滿憂心，對現實的挑戰傾向於被動，不能提供孩子主動積極的示範。

- 生活的態度悲觀，哀聲嘆氣，情緒不穩定和易怒。
- 對別人的成就表現出嫉妒、批評或抨擊，對自己的遭遇則自怨自艾。
- 表現非肯定性的態度，凡事猶豫不決，造成孩子的不安。

人所接觸的環境，對其心情影響殊大，因此當你覺得悶悶不樂，或者有什麼心結打不開時，找個機會去運動、慢跑、打球或散步，都能改變心情；找幾個朋友一起爬山，能令你俗情盡忘；找一本好書，勉強自己把它讀完，也能令你精神振作。

我們所接觸的人事物和環境，在不知不覺中影響我們的性格、價值觀和回應種種挑戰的能力。「近朱者赤，近墨者黑」這則眾所皆知的銘訓，不但是教育的真理，也是從事輔導和諮商的重要原則。依我的觀察，許多青少年因為面臨父母離異，或者雙親經常衝突，而使他們感受孤獨和寂寞，缺乏溫暖，才轉而接觸不良同儕團體。他們的惡行、驃悍和自暴自棄，是成群結黨之後，才相互激盪出來的。這些未成年的孩子都很寂寞，他們最需要的是接觸到有能力維護其自尊、願意陪其一起成長的父母或師長。

只要接觸到能給他自尊，維護其成長，啟發並欣賞其能力的人，孩子總會發展出好的自信和主動性。他們會有能力抗拒犯罪的誘惑。

長期缺乏親密的人際接觸，會使一個人焦慮不安，不願意與人接觸、相互合作、付出對別人的關懷，這無異剝奪了他接觸親密人際關係的機會。學習與人合作、與別人相互尊重和支持的人，在情緒上顯得愉快安定，在思考和解決問題能力上，也表現得較為傑出。

此外，教師與學生互動也是一種接觸。有些學生一見到特定某位老師，會產生敵意或畏縮，這起因於師生在教學上的溝通有困難，在此情況下，教師宜做必要的調整。如果確有困難，則宜協調其他老師，讓該生轉換班級試試看。換班的用意不是把好動或調皮的學生驅逐出去，而是老師發覺自己與孩子之間，有了互動的障礙，所做的必要調整。

有極少數的教師，由於個人人格上的問題，與孩子的溝通極為困難，容易對孩子發脾氣，甚至有語言或肢體上的攻擊，往往對孩子造成創傷。因此，學校在聘用教師時，必須審慎；對於不適任的教師，要做必要的溝通和處理。

改變接觸

人在必要時變換一下環境，就能使自己感覺舒適許多。人與環境是互動的，當你改變不了環境時，你可以暫時離開現在令你不悅或困擾的環境，等心境恢復平靜時，再回來，這是最通常的調適之道。

換個環境不一定是心情不好，而是間隔一段時間，做點變化，對生活調適極有幫助。每一週，最好擇時接觸自然，把萬緣放下，讓大自然的寬闊和壯美，滌盪心中的塵勞。透過登山、涉水和戶外活動，你能夠俗情盡忘，抒解壓力，更可以受到大自然的感動，而敬領生活的喜樂。

我喜歡登山，遠離噪音和汽車排放的焦味，清聞童年鄉間樹林散放的芬芳，令我有年少時的心情猶在之感。台灣的高山絕岩峭壁，山澗飛瀑；白晝日照，夜裡月映；山風聲、流水聲，緘默的大自然，縱由鳥歌蟲鳴……這一切皆能帶來愉快和舒適。在山中漫步，或者登高攻頂，人的感性和豪氣自然從心中湧現。亮麗的陽光由紅檜林中灑落，青翠入雲的扁柏、濃密筆直的杉林，令人神往入迷，心腦清新而悅樂。

在峰頂上不妨小坐，這時最接近上蒼，你的性靈最能領受到精神世界的啟發，也最容易對生命有所體會，更可以了解為什麼佛陀要在靈鷲山講授禪法，示人拈花微笑，而多少菩薩在山林開顯教化。你看觀音的道場在普陀山，那兒流瀉著三十二應的救苦救難慈心和悲願。又如五台山的文殊菩薩、九華山的地藏菩薩、峨嵋山的普賢菩薩，再再可以看出山林壯闊的啟發和層峰疊嶂對性靈的感動。

在山裡，人很容易忘懷俗務，大山與丘陵都有同等的功效，所以我經常抽空爬山，尤其是山海相映的台灣東部，更能給人心曠神怡之感。高山臨海，或坐或立，眼前水接著天，藍色一片，竟是如此清淨，幾朵白雲，抹平了悠閒的天性。

你接觸過水嗎？潺潺的山澗流水，掬一捧抹在臉上，可以洗去憂惱和敵意；夏日搭乘汽艇，奔馳在寬闊的水域，會有羽化登仙之感，一切計較皆拋諸腦後。登坐漁船，漂浮在海洋，讓陽光和海風，溫柔地撫慰你。躺仰看著無際的蒼穹，手撫觸大洋中的海流潮汐，體會大自然的奧妙，也領受馬祖大師為何會說：「西江之水，只取一瓢飲。」突然，你會謙卑起來，感受知足和富裕，因為大自然有取之不盡、用之不竭的神妙賜予。

文化的接觸

我們生活在一個資訊的時代，自由開放，任何消息都會在媒體上出現。每個人天生都有打聽消息的傾向，所以來自四面八方的報導，包括小道消息和八卦新聞，充塞腦中；時而受到震撼，時而受到威脅；有時興致勃勃，有時陷入惴惴不安。於是，人們欠缺時間閱讀有價值的書，無暇做創意的思考，以涵養一種高瞻遠矚的眼光，要過充實有意義的日子，自是困難。

你要改變一下對資訊的接觸，抽出一些時間來閱讀。把自己拉回求知和思考之路，讓自己繼續成長和進步。知識是結構性的，透過新知和思考，心智能不斷地重組和成長，才會有創意去面對新的生活和社會變遷。我鼓勵人多讀好書，好書的特質是：

- 它具有長遠的價值，提供結構性的知識，或完整的價值判斷；好書令你聰明、有能力，對心靈生活有著歷久彌新的啟發。

● 好書能改變你的想法和態度；你怎麼想就怎麼感受；讀好書使你更練達睿智，心境清朗。

● 好書提供了新的視野和新知，也告訴你傳統和進步的軌跡，它給你的不是死的知識，而是活的思考和新的希望。

好書、藝術、文學創作和音樂，同屬於心靈生活的資糧。如果你只重視資訊的取得，而不重視心靈資糧，就會顯得愚昧無知。我們要做一位知識豐富的人，但不要只是當一位消息靈通人士。

目前我們的青少年大都在電視機面前長大，他們所接觸的節目、電影和卡通都是虛擬的，欠缺實際的生活體驗和做人做事的經驗，如果父母不帶著孩子一起做家事、過生活，其生活經驗就幾乎被影視所塞滿，因而容易形成虛擬人格。

虛擬人格特質的人欠缺面對現實的態度。人的生活就是面對現實的過程，一個人所遭遇的一切、面對的環境，以及手中握有的資源，都屬於他個人的現實。人要在現實中生活、設法解決問題，從中學習和成長，以現實當據點，不斷地延伸其生活經驗，累積知識，創造新的機會。

凡是心甘情願、面對現實、負起責任的人，會不斷改善自己的生活品質，獲得較多的成功經驗；相對地，他們也比較樂觀、有毅力和信心。這些人的人格發展是比較健康的，他們的精神力好，自我功能也較強。

虛擬人格特質的人，則忽略其現實，所訂的生活目標，總是與自己的現實脫節；他只看到別人擁有的生活，極力想把自己變成別人的模樣，並抄襲別人的生活目標當自己的目標，或者拿媒體上虛擬的觀念，當成是自己生活的價值觀念。於是，他越來越不滿現實狀況，並產生負面情緒與敵意，這些壓力反過來造成沮喪和無奈，形成不滿現實或憂鬱的反應。

脫離現實所造成的無奈，也可能成為高不成低不就的失業狀況。尤其是在產業結構改變時，他們更缺乏學習新技術能力的積極態度，而造成失業。此外，對於現實的不滿和敵意，也可能發展出犯罪的行為。

不肯面對現實，使一個人感到空虛、無能和沮喪，這不但會使個人的自尊解組，也是社會不安和頹落的來源。我們的社會正面臨這種新的威脅，它的病源就是脫離現實。

虛擬人格特質已經成為這個社會的一股暗流；脫離現實的事同樣發生在政治

、經濟和文化表現上。每天在政壇上的爭辯，是為了面對現實和責任，抑或只是為虛擬的意識型態而爭辯；是踏實從現實中走出希望，抑或只是不滿的怨聲和口水之戰？陷入這種虛擬性格迷思的不是只有我們，其他國家也難逃此劫，最後的贏家是誰先教導他的國民學會面對現實的生活。

當前社會的文化特質，是資訊和消息重於知識；虛擬的意識重於面對現實的能力。我們每天都接觸這兩種文化特質，心理健康和回應生活的能力多少就受到扭曲和負面的影響。我不是說資訊不重要，作為一個公民、父母和有效率的工作者，自然需要許多資訊；作為一個現代人，需要接收資訊才不會落伍；作為現代國民，更需要政經及社會文化的消息。透過它，甚至能預防政府的腐化，阻止社會的墮落。但要注意的是虛擬特質和氾濫，如果不重視知識、思考和面對現實的態度，資訊的氾濫會使許多人變得愚昧和無知。

集體意識的接觸

每一個社會都存在著集體意識，它表現出生活方式和價值觀。當你從台北飛到紐西蘭，會發現紐西蘭居民生活的步調慢了許多，不稍多久，你會覺得輕鬆，自然放慢了步調。當你旅行到一個嚴守公共秩序的國家，原來不重視公德或違規超車的舊習，自然就收斂起來。這幾年來，台灣的公共道德進步了許多，譬如台北地區捷運系統，一開始就建立乘客好的習慣，較看不到髒亂，也看不到有人吃東西。

如何建立健全的集體意識，培養共同良好的生活習慣，是維持社會安定、建康和繁榮的基本要件。公共建設和市容是集體意識的一部分，是每一個國民天天要接觸的大環境。公共建設品質高，市容整潔大方，就能孕育有風度、有氣質的市民。放眼台灣地區，家家戶戶鐵窗鐵門，那是為了防盜防搶，為了自保和安全，是不得不做的事。原因很簡單，因為治安不好。

政府沒有把治安做好，所付出的代價殊大。家家戶戶關在鐵籠子裡，人人因為不安所產生的防衛性行為，對國民心理健康造成嚴重的傷害。這不單是生活品質低落的問題，而是整個社會性格都會受到扭曲，因而衍生出更多的社會問題。尤其是人與人之間的敵意、對立和不信任，會抑制政治、經濟和文化活動的創造及發展。

一個人接觸的宗教信仰，如果建立在迷信上，就會產生知性的萎縮。這時，對於生活和工作所發生的問題，很容易因為集體的暗示，而做錯誤的歸因。例如身體不健康，不知道做身體檢查，或檢討生活作息和飲食，卻歸咎於居家風水不好、受到沖煞，以致旁生枝節，造成更多的困擾。

接觸狂熱和非理性的團體，成員之間相互暗示激盪，會造成集體瘋狂行為。青少年參加飆車族，所接觸的都是囂張的行徑，不久就會跟著下水，成為狂飆的一員。

青少年加入幫派，接觸到集體意識而與之認同，就很不容易脫身，其關鍵在於他的認同需要。從觀察中發現，自尊越是不健康的青少年，越需要找個團體投靠；越得不到家庭溫暖的孩子，越有可能被幫派吸收。

因此，預防青少年投靠幫派的最好方法，就是給他家庭的溫暖。對於失愛或陷入非法邊緣的孩子，則應讓他有機會接觸關心他的成人或師長。許多學校推動認輔制度，讓教師或具有專業輔導能力的人士，參與輔導工作，使受疏忽的孩子從中接觸到愛與責任，從而改變他的態度和不當行為。

親子間的疏離、冷漠和衝突，是由於接觸發生困難所引起。最普遍的現象是孩子犯錯或行為越軌時，父母親擔心將來又出錯，造成困擾和危險，於是，擔憂和害怕之情溢於言表，愛之深責之切的嚴肅表露無遺，接著語辭、語調、表情和肢體語言，不自覺地顯現出對孩子的嫌惡和指責。孩子一接觸到父母的表情和指教，就把它解釋為敵意，緊跟著，他也對父母親做了敵意的回應。這時，親子惡臉相向，乃至跟著出現彼此對立、頂嘴和肢體衝突。

夫妻間的衝突，大部分也出自這種不自覺的敵意。

心理學研究指出，人與人之間情意的交流，詞彙和用詞只佔7%，語調則佔38%，而表情和肢體語言則佔55%。當人與人接觸時，第一個接觸的是表情，如果表情是不安、敵意或憤怒，就等於告訴對方，「我覺得你很危險」、「你不值得我尊重」、「你是個壞蛋」等，可想而知，兩個人接下來的交談，語氣一定會走樣，變得僵硬、防衛和敵意。這時衝突和相互攻訐的可能性，就大大提高了。

心中的第一念

表情、肢體語言和語調，是影響情意溝通的關鍵。然而，它們是怎麼形成的呢?它來自接觸時,內在的第一念。依《唯識論》的說法:當我們透過眼、耳、鼻、舌、身五種感官,接觸到生活和工作情境時,即刻會浮現第一念,而第一念的種子卻儲存在阿賴耶識裡(心理學稱為潛意識)。它是過去經歷的事物,經由第七識的我執或情染,亦即經由潛抑的過程,異熟成為種子。這些種子透過五官的接觸,即刻「現行」成為第一念。

第一念如果是匱乏不安的情緒,就會發展出貪取、囤積或剝奪的行為;如果是敵意的情緒,便發展出憤怒的行為。貪、瞋、癡、慢、疑和邪見六種根本煩惱的種子,與個人過去的情緒經驗有關。當然,如果我們接觸到一個情境,引發的是安寧和新奇,那麼第一念可能是好奇的想像和平靜的思考。

人在接觸事物時,由感官蒐集資料,傳達到丘腦,然後由丘腦分別傳送到大腦皮質和杏仁核。大腦皮質是一個龐大的電腦,儲存過去生活經驗的資料,當丘腦傳送接觸事物的訊息時,便啟動運作,以極快的速度進行比對,查詢過去經驗所保存下來的資料,綜合大腦各部分比對出來的資料,研判所面對的情境,做出可能的回應建議,送到決策中樞。另一方面,杏仁核是一個情緒中樞,儲存過去遭遇事件的情緒和感受。當丘腦送來接觸的訊息時,也即刻進行比對,並找出過往類似情況的感受，送到決策中樞。這時決策中樞可以用這兩方面來的訊息，做出正確的決定，去反應所遭遇的狀況。

但杏仁核所儲存的資料比較簡單，它只記錄過去事件的感受，包括危險、安全、懼怕、憤怒、好惡等強度，不像大腦皮質那麼複雜，要綜合聲音、影像、空間、數字、邏輯等各方面的資料，才做出建議。因此，杏仁核很快就比對出它們的資料，送到決策中樞，於是，很容易就做出情緒性的決定。所以，決策中樞必須有一套好的調和功能，要稍安勿躁，等大腦皮質把事情弄清楚，否則就會做出情緒性的決定，讓大腦皮質從屬於情緒，為它效勞，那就會造成嚴重的問題，因為這會錯估現實，做出不正確的行為。

每一個人都必須有一種稍安勿躁的涵養，才可能保持良好的覺察力去做正確的決定。

你也必須當心，第一念往往是很直覺的情緒和感受，要避免一廂情願被它牽著走，因此要同時配合大腦皮質送來的訊息。這也就是為什麼拜佛禮佛時要合掌的原因。這個儀式在提示我們，時時刻刻要實踐覺察的思考。

現在該進一步說明的是，當杏仁核先把情緒資料送到決策中樞，並形成決定時，會是怎麼樣呢？很明顯地，如果所接觸到的事物，被比對出來是令人憤怒的，那就會表現出憤怒；如果是快樂的，就帶來高興。現在你可以明白，為何有些人一接觸到特定事物時，不是想著如何有效解決，而是一味耍脾氣的原因了。

杏仁核很快把查對出來的感受資料，送到人腦的決策中心，也有其道理。因為當我們碰上立即的危險時，必須很快反應，及時逃開或躲避，這時決策中心會通知全身動員，及時逃開眼前的危險。這個部分是不假思索、迅即做出的自然反應，是個體一套防衛危險的本能系統。

不過，要處理複雜的生活事項，不能單靠本能的防衛系統來決定。因此，我們要學習一種素養，冷靜有效地使用這個資料，以便做出正確的回應。在《六祖壇經》中說：「前念不生，後念不忘。」你可以了解意所何指了吧。

情緒教育的重要

杏仁核所儲存的資料，不愉快的情緒又多又強烈，那麼每接觸到一件事，就會出現不安、憤怒或敵意的情緒，因而產生嚴重的防衛性，即使能稍安勿躁，終究不好的情緒會產生強大的主導性，心理健康將受影響，工作效率和生活的品質就大打折扣。

人在成長過程中，既需學習許多解決問題的能力、人際互動的良好習慣，以及道德價值觀念等等，同時也要領受和學習健全的情緒經驗。

情緒經驗決定精神生活的品質。個人早年的經驗，無論愉快或厭惡，現在所接觸到的事，只要與原發事件扯上關係，就會立即浮現出當年的情緒。有時，一連串不愉快的往事甚至會糾葛在一起，而成為情緒組群，讓當事人陷入複雜的情緒困擾之中。

因此，個人早年的情緒經驗對爾後的精神生活有著決定性的影響。依我的觀察，那些童年以前經常遭受到暴力、凌虐、挫折和恐嚇的孩子，在長大之後，總是出現心理症狀。至於焦慮、情緒失常以及從而引發的身心症，都可以追溯到童年的不愉快經驗。有不少研究指出，精神分裂症患者有40％在早年受過嚴重的虐待、恐嚇和暴力。

兒童的情緒經驗取決於成人對他的態度和行為。父母和師長教給他的是如何成功地待人接物，同時在教導時態度是和藹的、有興趣的，而不摻入恐嚇、抨擊和暴力，那麼孩子在面對挑戰時，就不會產生懼怕、不安和焦慮。他會用較主動的態度去嘗試和學習，在受挫時也有好的容忍力和毅力，持續努力。

情緒教育的主要課題，應該是大人對孩子的態度。父母親以健康的情緒態度對待孩子，孩子的情緒也跟著健康；父母親以嚴苛、不安、暴躁的態度對待孩子，孩子的情緒就有了困擾。

於是，樂觀、積極、有耐性的父母，容易培養主動、好學和情緒穩定的下一代。同樣的，學校教師教學時，若表現得有愛心、樂觀和循循善誘，有耐性地協助孩子解決學習的困難，而不表現出強制、體罰、威脅和高壓的管理，孩子們也就有好的學習情緒。

情緒教育要透過身教的示範，以及父母師長有能力的愛來陶冶，光靠著認知或訓示，對情緒的發展不但徒勞無功，有時還會帶來負作用。

4 作意左右你的行為

對抗挫折最有效的方法，是更換一個積極的著眼點。把眼光放在有益於改善自己處境的地方，一步一步地去做，這個積極的想法，就是正確的作意。

從唯識心理學的觀點看，個人對所遭遇事件的反應，取決於對那事件從何著眼。你從消極面著眼，注意的是消極的因素，情緒、思考和判斷就膠著在這個面向。因此，作意是普遍影響行為的一個因素。

我們所遭遇的困難、挫折或不幸本身，不一定會導致嚴重的沮喪或精神崩潰。會造成喪志、精神疾病的原因，是由於遭遇者對這件事情從什麼角度去著眼所致，也就是說人的著眼點和注意的焦點，才是挑起情緒困擾的溫床。當人碰到挫折時，他所注意的若是積極面的，認為眼前的事還有補救，即產生主動、努力和尋求解決問題的行為，那就是所謂的精進。反之，若注意的點是消極和無奈的部分，那就會感到沮喪和憂鬱。

每個人對自己都會有個看法，倘若他的著眼點都在看自己沒有的，就會產生無奈、自卑和消極的態度。如果他所著眼的是自己手中握有的資源，並且運用這些資源去成長、延伸和發展，就會覺得有成就感和信心。

愛爾蘭作家克里斯蒂・布朗（Christy Brown, 1932-1981）是一位天生腦性麻痹的患者，其腦部控制肌肉協調的部分受損，手臂扭曲軟弱，沒有外力支撐，不能坐也不能爬。他耳聰目明，能思考，可是自己的想法卻無法讓別人知道。五歲那一年，他偶然發現自己的左腳還能受自己控制，就憑那隻左腳，他學習作畫和寫作，他旅行、閱讀、思考和不斷地寫作，最後成為暢銷書作家。他曾經陷入嚴重的沮喪，因為他看到的全是癱瘓的身體。後來，他意識到自己的左腳還勉強能受自己控制，就憑著僅有的那些資源，在二十二歲那一年，他成為作家。他第一本暢銷書是《我的左腳》（*My Left Foot*）。

我發現成功的人，都很善於運用自己手中握有的資源。他們積極的態度，就從他們的著眼點萌芽，產生無比的生命力。於是，我非常關心教育，相信只要父母師長能把眼光放在孩子所擁有的優點上，孩子就會從現有的優勢中，綻放出積極的態度，發展更多優點，而形成亮麗的人生。

教育的關鍵

教育的關鍵就在於欣賞孩子的優點。教師或父母若能作意於孩子現有的興趣、優點、能力和良好的表現，孩子就會信心十足，擴大其興趣，主動學習。就以孩子學習寫作為例，當他寫了一篇文章，送到父母師長跟前，請你過目、指教或批評時，一位認真的老師，一定會把錯別字找出來，請他更正；把不通順的句子點出來，勾勒一番，使其通順；標點和段落有了差池，也會一一指正。這是很認真批改作文的態度，不過，如果所寫的評語都是負面的，那就很糟糕，例如「字跡潦草，錯別字太多，文句不通順，以後要多多努力。」這在教學上就容易造成失敗，孩子寫作的信心和興趣將大受影響。

反之，如果你在指正錯別字和標點符號的差池之後，能在總評語中，指出「你這篇文章感動了我，字裡行間流露著感人的想法。此外，你的筆觸敏銳，描寫細膩，我很欣賞你的文章。」孩子在看到評語時，會受到很大的鼓舞，寫作的興趣自然大大提升。不過，要特別補充說明的是，父母師長所欣賞的優點，必須是事實，否則流於虛偽，就起不了作用。孩子寫的一篇文章中，從其立意、內容、分段、用辭、情感、筆觸等等去品評，一定有令人欣喜的地方，師長只要稍加留心，就會有慧眼看出孩子的英雄本色。

看孩子的成績單，也是一門大學問。父母接到孩子的成績單，眼光作意在退步的地方，而不是整體的了解，一句抨擊的話脫口而出，孩子的信心很容易就受到傷害。長此以往，不但親子間的距離會拉遠，孩子健康的自尊也保不住。

你看待家人的著眼點，便是你對他的態度。如果作意的點是缺點，就不免對他挑剔，表示你的不滿，或至少在表情上露出不悅。若著眼點於積極面，你會欣賞和讚美他，對於需要改進的建議，自然會以平直的口吻表達出來。

我們經常訓誡孩子，告訴他們要樂觀、積極和主動，但在進行這項教導時，作意的點卻是悲觀的。父母或教師若皺著眉頭，以近乎絕望的口氣說：「像你這樣不積極、不肯主動用功，將來會走投無路。」經常使用悲觀的作意，孩子也從大人平常的表現中得到悲觀的身教。

情緒教育正確的作法是支持孩子從錯誤中改正，指導他克服困難的方法；一旦他做對了，就表示欣賞。父母不能代替孩子做他該做的事，才不會剝奪孩子的學習機會。倘若父母親對愛的著眼點，是替他做所有的事，就會導致孩子主動和積極性的萎縮。

孩子的學習有許多層面，為了使孩子具備必要的能力，去面對自己的人生，以下這幾個領域，是他必須學習的：

- 身體的功能和健康。
- 心智的發展和生活的能力。
- 人際互動的正確態度和習慣。
- 對社會的了解和參與能力。
- 對生命意義的領悟和宗教信仰。

孩子在學校的學業成績，只是這五大方向中的一小部分。許多研究指出，學校的成績與未來成就並沒有什麼關係。因此，父母和教師無需為一時的成績表現過於憂慮。如果我們一味著眼於成績低落，孩子就會受這個框框侷限。如果我們能廣泛去看，也許能發現他做人很成功，做事負責，有特殊的興趣和能力。

著眼於孩子的光明面，鼓勵他、支持他，對他抱以希望，孩子會累積更多信心，集合更多優點，形成良好的自我觀念。他的信心和健康自尊，會發動很強的主動態度和積極思想，去克服學習的困難，成功的關鍵就在這裡。健康的自尊也將帶給他幸福和心靈不斷成長的力量。因為他已經成為能自愛、有主動的學習態度、能為自己人生負責的人。

面對孩子的學習，教師要有所警覺：孩子做一件事，或者在作業上的表現，是由一組行為所組成，或者由好幾個部分構成。孩子犯了過，做錯了一件事，並不是所有的行為都是錯的，如果你能看清這一點，就能同時改正錯的部分，支持欣賞其正確的部分，這就不會一竿子把孩子所有的正向行為全部抹煞掉。比如孩子們有了衝突，最後打起架來，只要問清楚，你會發現他們的爭點可能都是為了把事情做好，衝突之點是溝通和協商的技巧不足。那麼教師要先欣賞他們的動機和立意，接著教他們怎麼溝通和協商的技巧。能從這裡著眼看教學，看學生的學習行為，就會有好的教育成效。

著眼點正確，教育就會成功；作意有了偏差，教育就有了差池。

面對挫折和沮喪

生活是一件艱難的事，你無可避免地要面對許多失敗和挫折；疾病的折磨、親人離別的傷痛、事業上的失利，乃至天災人禍所造成的創傷等，都給人帶來極大的打擊。

人可以選擇的是生活的目標和方向，但無法選擇遭遇。他一定要踏過遭遇，才能通往自己人生的目標。當然，你選擇的目標，也不是完全沒有限制。人無論如何必須對自己真實，看清真實的環境、自己的因緣和條件，去選擇他活下去的目標和作法，才不致失衡或瘋狂，才能領受生活的幸福和成就感。

在我的觀察中，突如其來的橫禍和創傷，總是給人帶來強烈的情緒漩渦。一九九九年台灣發生九二一大地震時，我看到它對災區居民所造成的心靈鉅創。從救災工作中，我目睹受創後的災民，所承受的哀傷、恐懼和痛苦；但也看到一部分的人很快就又站了起來。我稱後者是精神生活的巨人，值得我們敬佩。

人生最寶貴的不是你擁有什麼，而是你有重新振作和面對生活的心力。人不被失敗擊垮就是一種大修煉。

依我的觀察，那些能再振作起來、甚至能自助助人的人，他們對整個事件，有個面對真實的基本態度。我在做心理輔導和諮商時，也使用這個積極態度，引導人們克服傷痛和沮喪。

九二一強烈地震之後，有人屋毀人亡，家庭破碎；有人面對經濟生活的困境，先是哀傷痛哭，繼而心力疲竭，孤立絕望，然後沉默沮喪。

沮喪是震災一至二週以後，受創者的心理反應。如果不設法從中振作起來，擺脫它的糾纏，它會削弱體力，影響身心健康，破壞重建家園的信心和毅力，讓人生癱瘓。

你一定要堅定地站起來對抗沮喪；把消極的想法和情緒掃地出門，把無奈和怨天尤人的想法丟得遠遠的。現在請想想你是否有下列現象：

● 變得心灰意懶，消極地沉默寡言。
● 不顧現實生活，退縮逃避。
● 常常陷於猶豫不決的狀況。

- 善忘和精神不繼。
- 身體疼痛疲累。
- 睡眠不良，焦慮恍惚。

如果有以上這些特徵，就表示有了災後的沮喪。要及時站起來，用積極的態度去面對現實；珍惜自己的人生，重建幸福的生活。克服沮喪這種低落的情緒，在心理學上有所謂三A法，那就是覺察（awareness）、回答（answering）和行動（action）。

第一步是覺察

首先要認識到，情緒低落的原因並非完全來自受到災害的重創，而是來自消極的想法。同時也要清楚，導致消極的想法與自己現在的行動息息相關。消極的情緒與自己的想法和行動亦息息相關。

因此，只要肯採取積極的行動，就會帶來較樂觀的想法和建設性的思考，而情緒也會跟著好起來。

我們知道你創傷嚴重，你會說「我已經沒有什麼指望了」，或者頹廢地坐在那兒抱怨或憂愁。不過，請你回答以下問題：

「你目前的遭遇是什麼？」

「你現在在做什麼？」

「你這麼做對你有什麼好處？」

「你所能做對自己或別人有益、有價值的事是什麼？」

然後把它列出來，一一去努力，去實現它，很快你就會振作起來了。

前面不是說了嗎？正確的行動，帶來積極和建設性的信念和想法，緊跟著心情也會振作起來。

其次，要想一想，固然家園殘破，甚至有親人罹難，你傷心、悲慟、孤獨和無奈；但無論如何，冥冥中要你活下去是有道理的，所以一定要做些有益的事，要面對活下去的現實。現在請想想：

「我手中還有什麼資糧可以用？」

「我一無所有，全震垮了！」你也許這麼說。

「請再仔細想想，你還有不少資糧可以用。」我們可以肯定這種回答，「因為你還有身體、思想、知識和經驗；你還有朋友，以及可供諮詢的機構；還有政府也正在設法協助你。只要肯努力，就會活得快樂。」

你也要同時覺察，人生要發財、有地位，那當然並不容易。但要過生活，並不那麼困難。只要你活著，願意的話，就能創造生活情趣，為此而歡喜度日，但財富和地位，都不是快樂的保證。

失去親人，當然令你傷痛，我們能了解。但這些已成事實，你要節哀順變才對，那才能告慰亡者在天之靈。

但更要認識，人生是無常的，是不確定性的，沒有一樣東西不變，大自然會變，社會結構和文化在變，經濟生活在變，世局和潮流都在變。生活在變遷快速的人世裡，你能要求一個不變的現實嗎？變是生命的現實，我們只能在變中做生活調適。

第二步是回答

要從自我覺察中，回答自己要怎樣做才好，怎樣才對自己有益，才能回答這次創傷對自己人生的意義。請拿出一張紙來，列出兩欄，第一欄寫著自己憂慮的事，例如：

「我現在很疲累，身體虛弱。」

「我的房子震垮倒塌，無處居身。」

「我擔心子女今年要考大學。」

「我覺得很孤單和惶恐。」

第二欄請回答：

「我該去看醫生，保持生活作息正常，不酗酒。」

「去了解臨時住屋的配住、貸款、就業輔導和子女就學事宜。」

「去參加一些宗教或互助的活動，使自己精神生活充實。」

「打一個電話或拜訪親友，跟他們建立關係。」

每一件憂心的事，要去分別它是事實，還是想像的懼怕。把想像的擔憂割捨掉，留下真實的問題，面對它，想一個自己能做、而且是最好的做法。

知道能怎麼做，心裡就充實，不再空虛。

知道自己該做什麼，心情自會振作起來，不再沮喪。

第三步是行動

自從強震的衝擊以來，你經常被傷痛和絕望所困，眼前一片荊棘，不免有欲振乏力之感。

要避免眼高手低，並且學習禪家的教誡；步步踏實，一點一滴去做，就會積少成多、聚沙成塔。你一步一步的努力，只要有毅力，福報的成長是成等比級數在增加，而非等差級數在累積。我建議你：

- 立即對直接影響現在生活的事採取行動。
- 為自己訂個發展的方向和計畫，分成幾個步驟執行。
- 有行動就要自我檢討，才會有砥礪，有進步。
- 注意生活和飲食的正常，它能給你行動力量。
- 當自己振作起來時，要懂得自我鼓勵。

覺察、回答和行動，是克服沮喪的利器；善用它，你就能擺脫沮喪的羈絆，打開一片光明的遠景和視野，從而得到新生和幸福。唐朝的法眼文益禪師說：

「一願也教你行，二願也教你行。」

宗教家皮爾（Norman V. Peale）曾說過一個故事。他說在美國舊金山，有一位女士開了一間餐館，後來因罹患眼疾而雙眼失明，因此無法工作。不久，她先生又死於車禍。她處於極度的哀傷、孤獨和惶恐，終於陷入沮喪，每天悲泣、痛苦和無助。

有一天，她覺察到這樣過日子有什麼用呢？她告訴自己要堅強起來，並覺得上蒼給她這個遭遇，一定有它的意義和意旨，一定要自己從中振作起來。於是她開始回到餐館工作。她告訴自己：我失去眼力，但還有嗅覺、觸覺、味覺，我的雙手矯健，身體還有力氣，我還有很多能力。

她把烹飪的廚具、材料、餐具等等安排固定位置，憑著位置學習，很快就能拿到它。她用嗅覺和觸覺開始作菜，孩子們幫她洗菜切好，餐館又開張了。起先顧客不多，來用餐的人卻說味美價廉，而且是一位失明的女士掌廚，一傳十，十傳百，不久便生意興隆。

她的毅力感動人，有人請她演講；她的手藝好，有人替她出版食譜。她的生意愈做愈興旺，生活過得充實而有自信。這就是成功對抗沮喪、重振人生豪氣的實例。

對抗挫折最有效的方法，是更換一個積極的著眼點。只要你把眼光放在有益於改善自己處境的地方，一步一步地去做，每一個小小的成功，都能帶來新的希望，都能讓你朝向光明一步，這個積極的想法，就是正確的作意。

優點療法

從唯識心理學的理論看，人的「我」是環境和經驗形成的，沒有一個本質的我。人都有一個自我意識，它是集合個人以往的經驗、別人對他的看法，以及自己對自己的看法而形成的。因此《唯識論》上說，我是因緣假合的。自我觀念和自我意識，都是個人蒐集有關自己的資訊，所形成的集合體。

每個人從出生到少年，經過嬰兒、幼兒和兒童階段，已累積了許多經驗，到了青少年時期，須把自我意識做個整理，於是就面臨自我認同的階段。他有了強烈的自我意識來檢審自己，若覺得自己是無能的、不如人、沒有價值的，便會形成「不好的我」，自我認同便會發生困難，而產生心理困擾，所謂邊緣人格的青少年，都屬於認同發生困難的人。這些人偏差行為多，適應困難，情緒極不穩定，甚至誤蹈法網而成為非行少年。

在成長過程中，得到正確的愛，受到許多鼓勵、指導和信賴的人，便會形成一個「好的我」。他們的能力、態度和人際關係發展較好，於是有信心面對自己的未來，自我認同較完整，情緒穩定，從而開展其健康的人生。

偏差行為的青少年，是兒童期以及以前的歲月，累積了許多發展上的困難所造成的。最主要的關鍵是，他們的自我價值低落，缺乏自信，更嚴重的是他在潛意識裡，存有不能自我接受的態度，從而產生自暴自棄、自我傷害、暴力、無所事事等傾向。他們很期望自己有好的成就和表現，但也自知那是不可能的，就在這個困頓中，衍生了偏差行為或心理困擾。

對於這些青少年，他們對自己的評價，「作意」點總是落在不好的一面。他們認為自己不好，但也認為別人是不好的，於是有了嚴重的敵意。它如果往外發展，就成為掠奪、暴力和攻擊，而忘掉友愛和責任。敵意若往內發展，就會嚴重折騰自己，沮喪和憂鬱等情緒失常都是從這裡衍生出生的。

於是，良好的教育品質是個人健康人格的保證。在孩子成長過程中，我們必須協助他多方面學習，培養各種能力，讓他獲得成功的經驗，得到別人的肯定和讚許，從而發展良好的自我意識，是成功教育的關鍵。

我們越能培養孩子的優點，欣賞其優點，孩子長大之後的自我認同就會越完整。父母和教師在教學上越能欣賞孩子的優點，孩子不但可以形成好的自我意識，從而孕育主動、信心和積極性，而且還會帶給他勇氣，去面對自己的缺失。他們有較好的信心和意願改正錯誤，或接納自己無法改變的缺陷或殘障。於是，我提出了優點療法，用以協助孩子走出「不好的我」的泥淖。它的步驟是：

- 尋找現有的優點，予以欣賞或讚美。表達時要真實誠懇，自然而不勉強。
- 透過指導和協助，培養新的能力，建構新的優點。這需要支持和鼓勵，而不是責備、恐嚇和鞭策。
- 改正缺點。需要有足夠的優點，形成自信和勇氣，才能承認它，改正它。
- 自動創造優點。要留意孩子主動表現出來的優點、良好行為或習慣；當孩子主動表現好的行為時，其自我意識已漸漸回復健康。

發現孩子的潛能，加以指導，學得快又學得好，其他方面的學習興趣也會被帶動起來。孩子在學習過程中，只要你懂得指導和欣賞，就能引發他的明朗化經驗（crystallizing experience），對所學習的東西，產生觀察、思考和試探的興趣。反之，如果採取填鴨式的教學，每天考試，強制孩子做僵化的記憶，並用體罰的方式逼迫學習，那麼即使有好的考試成績，也不能發展出樂於學習、研究和發展的人格特性。

一位薛先生把他優秀的子女送到一所嚴管勤教、打得兇、功課極重的學校。兩年之後，發現孩子已經失去學習的興趣，接著衍生更多逃避學習的行為。孩子在學校經常犯規，師生關係緊張，每天都會受到老師的批評、體罰和指責。有一天，薛先生到學校去了解孩子，親眼看到孩子跪在教室裡，他的心碎了，內疚得落淚。

他去拜訪老友陳教授，把心事告訴他，就子女的教育問題，徵詢意見。他在老友的家裡聊天，跟他們一起度過一個週末。他發現陳教授的家庭氣氛很輕鬆，孩子們都能主動學習。他歸納陳家的教育特點：

● 孩子學會自治，凡事自己來。
● 做對的表示欣賞和鼓勵；做錯的則在包容之中指正。
● 重視學習的興趣、方法與過程，而不是成績。
● 生活和做人要比功課優先。
● 對孩子的未來平實，而不帶著野心。

薛先生後來告訴我，他承認對子女的教育失敗了，但也下定決心改正，他深信「亡羊補牢猶未遲」的銘訓。他不愛念書的孩子跑到撞球場消磨時間，他找到孩子，耐下性子陪他一起打球；孩子沮喪發呆，他願意陪他聊聊；孩子抱怨學校教師管得太嚴，他聽他發洩。經過一整年的時間，才漸漸平復，考上了一所雖不滿意但還可以接受的高中。

家庭的氣氛改變，孩子的主動性和優點漸漸顯現，又逐漸平穩起來，直到孩子考上大學，恢復了信心。他在陪孩子成長的過程中，經常和我研究怎麼克服困難。你一定會好奇地問：「你建議他怎麼做？」很簡單，就是優點療法。他在打撞球中欣賞孩子；在聽孩子抱怨中找到盲點；在一起聊天中欣賞他做得正確的部分。他說：

「我就像在一片荒地中，撿拾一塊塊可用的石頭，漸漸堆在一起，交給我的孩子，讓他當一位工程師，把房子蓋起來。」他又說：

「大人對孩子要有信心，你的信心能傳遞給孩子；用不著說，就從表情和行動中傳送給他。」

你自己會不會也缺乏信心呢？會不會也覺得一無是處呢？我建議你，只要著眼於手中所有的，用自己所有的資材去努力，去延伸和實現，信心和快樂就會漸漸凝聚在你的心頭。

5 感受在影響你

單純的生活態度，能培養更好的思考和全盤的規劃。生活態度越單純，思考就越縝密；生活態度越複雜，思考也就越粗糙。

你接觸一個人或一件事，當時的感受，會影響你的思考，干擾你的判斷。人在心情好的時候，工作效率高，創意也較好；心情低落時，會排斥或拒絕工作，甚至做出錯誤的抉擇。

人的感受是很主觀的，它與過去的生活經驗有關。一位結婚不久的女士找我晤談，她說：「我不想見到公婆，可是我每個星期總要見他們一次。」

「你不願意看到他們？」我問。

「他們一開始就不贊成我們的婚姻，他們根本就不喜歡我，對我冷淡，彼此沒有什麼好交談的，所以我不想和他們打交道。」她描述著彼此冷淡的境況，覺得很困擾。她擔心這種狀況持續下去，可能會影響婚姻，將來甚至影響孩子心理的正常發展。經過一番了解，我建議她：

「會不會妳弄錯了？真正冷淡的可能是妳。妳之所以感受到冷淡，是因為妳害怕自己不受歡迎，所以不敢大方地接納他們、和他們交談。每個人都喜歡受到歡迎，這種感受，令人放鬆和自在。你若能表示歡迎，他們也會歡迎妳；妳若主動關心他們，他們也會關心妳。這時交談的話題就增多了。」我建議她主動和翁姑說話，關心他們，甚至為老人家買點日常需要的東西。

過了一個星期，她用電話告訴我，「我鼓起勇氣，坦誠地跟他們談話，送一瓶維他命當話題，問他們回南部玩得怎麼樣？他們輕鬆地說了許多有趣的事。我們的僵局似乎打開了。你說得沒有錯，要先喜歡別人，別人也會喜歡你。」

喜歡是一種感受，它促進交談和會心，拉近彼此的人際距離。對人冷漠，別人感覺到你不喜歡他，彼此的交流也就中斷；對人熱忱，別人也會以熱忱相待。創造歡喜、安全和信賴的感受，是人際和諧的來源，也是生命智慧流洩的甘泉。

僵化的感受

人的感受一旦僵化，想像和思考就會窄化，驚奇和覺察也逐漸萎縮。這時，生活變得平淡無趣，不經心的糊塗事也會出現，最嚴重的是生活的創意和活力的折損。

創造力的衰退，往往導因於感受的僵化。人在面對不同的情境或情境有了改變時，就會有不同的感受，從不同的感受中，產生不同的點子，去回應或解決問題。如果感受僵化了，遇到任何事情，都只有一種或少數同質的感受，那麼彈性思考和創意也就不復出現。比如說，一個人遇到事情都只感受到焦慮和不安，他的回應無論如何亦只侷限於退卻、規避或找藉口開溜。因為緊張和焦慮的人，對任何事都會反應出不安和逃避。

在學習、觀察和研究上，感受僵化的人總是見怪不怪，很容易被刻板的感受所困，看不出真相和端倪，當然也就找不到正確的回應。心理學家蘭格（Ellen Langer）曾做過一個有趣的實驗，讓一個人假裝扭傷，央請路人到附近藥房買他所指定廠牌的繃帶裹傷。他事先告訴藥房，請他們回答：「這個牌子的繃帶已經用完。」結果二十五個路人之中，沒有一個人想到要請藥劑師建議另一種牌子的繃帶。這些人在受託買某一種廠牌的繃帶時，感受已經固化在一點上，因此不會去想其他可能的方法。

我們很容易困在思想的框框之中。當父母和師長告訴孩子：「如果你不努力考進前三志願，你的前途就完了。」很不幸地，孩子以稍微差距落在前三志願之後。結果他感受到前途無望，覺得讀不下去；於是自暴自棄，整天和愛玩的同儕混在一起。有一部分的孩子則是感到自卑，抬不起頭來，不願意與親友見面。

感受引發你的思想和行動。一個人如果感受麻木了，就覺察不出錯誤和情境的變化。尤其是飛行導航人員、高危險性機器操作或維護人員，其感受性必須是活躍的，而不能是麻木僵化的，否則就會有立即的危險。

人一直陷在一種感受中生活，就會變成鑽牛角尖。有些人一直很悲觀，想的都是消極和負面的事；有些人一味的樂觀，就可能會樂極生悲。他們無法彈性思考，提出更多假設和仔細的求證。樂觀的人，並非什麼事都看好，而是他在受創或遭遇不幸時，懂得區隔，知道損失的是什麼，手中還有什麼可用的資源，然後會主動積極以新的感受，化悲憤為力量。至於悲觀的人，則把創傷擴大，讓傷心和失望蔓延到整個心理生活空間，看不到自己還有什麼，產生淪落絕望的感受，而墜入沮喪和憂鬱中。

培養有利的感受

人一早醒來，若能感受到喜悅，那麼一整天下來，無論讀書、工作、待人、接物等等，效率高而精神好。培養歡喜的心情，孕育良好的感受，確實能讓自己過好每一天。歡喜的心情是可以培養的，培養之道就是你先裝著高興，接著真的會高興起來。

你先強裝高興，跟別人打招呼；撐著笑臉，去關心別人，跟別人打交道，過一會兒你真會感受到高興。這就好像你先打開電源，發動車子，接著車子就能燃燒汽油，產生動力一樣。

給別人一些喜樂，逗逗趣，開懷的笑一笑。你會發現不但精神容易振作，注意力和清醒度也跟著好起來。這是我們工作和學習的有利條件。

助人可以給自己帶來好的感受，從而對生活更具睿智。助人的人首先感受到愛，感受到生命的價值和生活的溫馨，這些能令人容光煥發，神采奕奕。觀察助人的志工，他們臉上泛著喜樂，臉龐的線條柔和，生活中洋溢著信心和充實。

有時人需要寧靜，它讓我們的感受變得敏銳，只要給自己一點悠閒，就會有些許活躍的思緒。無論是研究、創作或事業的經營管理，都需要這種心境來孕育創造力，啟開更多思考的點子。恬淡是寧靜的條件，你不要被野心綁架，不要被貪婪給屈服；透過單純的生活態度，反而能培養更好的思考和全盤的規劃。生活態度越是單純，思考也就越縝密；生活態度越複雜，思考也就越粗糙。

此外，要懂得激發寬廣的感受性，要透過對人的關懷，對生活的多方面體驗和閱歷。建議你：

- 多安排旅行，接近大自然，打開自己的視野。
- 參加服務人群的活動，除了助益公共事務外，更能增進對人的同理能力。
- 參觀訪問各種企業和機構，透過知性之旅，打開你對知的感受力。
- 避免性急，急令你的感受性大打折扣。
- 讀書能開啟人的感受力。
- 培養廣泛的興趣，有助於感受的寬度。

感受是可以培養的，你不要等著好的感受自己來，而是要花點心力，去打開它，才能享有它所帶來的豐碩成果。

6

想法決定情緒和行動

考是可以學習的，只要能掌握思考的步驟和方法，人人都能變得聰明能幹。學會思考，就學會解決問題的匙鑰。

人的想法不但影響思考能力，也是情緒的決定性因素。

思考是可以學習的，只要能掌握思考的步驟和方法，人人都能變得聰明能幹。我們可以透過歸納思考，建構許多有用的知識，也可以透過創造和類推，發現更多解決問題的工具。你學會思考，就學會解決問題的匙鑰。我們在學校所做的學習，都屬於工具性的和創造性的思考。

這裡所要討論的是，想法影響情緒和行動力。心理學家已經發現，樂觀與悲觀只是思考習慣不同所致，可是它們對人的適應能力，卻產生天壤之別的效果。樂觀的人比悲觀的人表現出色，事業上成就較好，對自己的前景充滿信心。悲觀的人則被消極的念頭所包圍，憂鬱症就是它的極致。

樂觀是一種生命力

人免不了會遭遇失敗和創痛，樂觀的人想法是積極的，是從如何解決問題，克服困難，並將手中擁有的資源發揮到極致。他們抱著希望，努力不懈，以面對眼前的挑戰。悲觀的人則沮喪和失望，他們有逃避和無奈之感。從研究中發現，樂觀能產生以下的積極精神力：

- 能激發潛能和毅力，獲得成功。
- 有益於身心健康。
- 能促進人際關係，提升生活品質。
- 保持生命的活力。

傳統對成功的看法，認為它由天分和心願所決定。對於失敗的論斷，總會歸因於才能不足、心願不夠，或者不肯下功夫努力。事實上，許多人的失敗，不是因為才能和意願，而是由於缺乏樂觀的態度。因為悲觀使他陷入消極的想法、錯誤的抉擇和欲振乏力的窘境。因此，我們不妨把樂觀視為精神生活中一項重要的素質，或者更恰當地說，它是一種生命的智慧。

就身體的健康而言，悲觀者顯然比樂觀者多病。心理學家塞利格曼（Martin E. P. Seligman）說：樂觀思想可增強免疫系統。一些研究者找了二十六名剛剛喪偶的男士，檢查哀傷期間免疫系統的變化。他們發現，悲慟期時，免疫系統的活動減低了；可是時間漸久，悲慟漸漸過去，免疫系統又逐漸恢復。這種種現象，對婦女的研究結果也相同。因此，悲觀這種長期的、慢性的沮喪和消極的態度，會使人的免疫系統功能變差。

悲觀使生活的樂趣蕩然無存，生活品質低落，甚至影響人的活力和人際關係。悲觀的人不容易發展出宏觀的願景和努力以赴的活力，他們的理想和朝氣，大半被沮喪的心情消耗殆盡。

社會學家艾爾德（Glen Elder）的工作組，長期追蹤美國加州柏克萊和奧克蘭的兒童，從一九三〇年代經濟大恐慌時代起，研究持續達六十年。有些人安然度過大恐慌，有些人則一蹶不振。一組中產階級的女孩，於家中財富都失去之後，在中年期就從心理上恢復樂觀，站了起來，現在心理和生理都健康地進入老年期。另一組低階層的孩子，他們一直沒有站起來。艾爾德的解釋是：

「晚年過得好的人，是從童年經濟恐慌中，學到厄運一定可以克服；在困境過後，他們恢復了經濟地位。他們把危機解釋成暫時的、特殊的和外在的。到了他們年老，好朋友過世時，他們還會想：『我還可以再交新朋友。』這種樂觀的想法，也幫助他們維持健康和面對老年。

「相反的，低階層的孩子沒有在經濟大恐慌後恢復過來，他們學會了悲觀，認為苦日子是一輩子的事，他們對危機的解釋是絕望。這種從童年期就學會的悲觀，瓦解了他們的健康、成就和自我觀念。」

樂觀的本質

悲觀和樂觀是一個人對生活遭遇的解釋型態。生活是個不斷接受挫折和挑戰的過程，如果我們把它解釋成無奈，覺得有這麼多困難，那就會悲觀沮喪起來；反之，如果把它解釋成每一個挑戰後頭，都會有著豐收的喜樂，那就是樂觀。心理學家塞利格曼對悲觀的解釋是：

- 樂觀的人遇上挫折，總會設法克服；悲觀者認為它由既定的條件造成，只能消極的承受。
- 樂觀的人把失敗歸因於暫時的、外在條件的原因，把成功歸因於長期努力和自己的才華；悲觀的人把失敗歸因於內在的天賦不足或命運不好，把成功歸因於一時好運或偶然的因緣。
- 樂觀的人碰到挫折，懂得區隔，不會冷漠成全部生活的絕望；悲觀的人遇到不如意的事，會蔓延到人生其他方面都是。
- 樂觀的人遇到事情出岔，會認為是一次意外，知道亡羊補牢；悲觀者會埋怨自己，怪罪別人。
- 樂觀者知所努力，悲觀者常覺得無濟於事，碰到困難則採取認命的態度。

由於悲觀的人缺乏看出有可為的契機，看不出在挫折和失敗的背後，仍然有著新的希望、意義和價值，當然也就缺乏奮力嘗試的勇氣，幸運往往不容易落在他的身上。他們的機會少，所以更加沮喪和無奈。相反的，樂觀的人能不斷的有新的憧憬，為自己打氣，他們相信困難可以克服，所有的挫敗都只是暫時的失志，而不是永遠的絕望。

在九二一大地震的災區裡，會發現原住民顯然比一般人要來得樂觀，他們不執著於損失，甚至還懂得嘲弄災難，這是他們文化中的高級智慧，不容易陷入憂鬱；當然，我也發現災區的當地人，所表現的堅毅和樂觀，比都市人要好。記者訪問原住民村長說：

「強震造成山崩地裂，如何是好？」

「過去我們一戶一戶散居，現在要蓋臨時屋，大家住在一起，也很難得！」

看著他們的樂觀和強健的心靈，我們該明白光明的生活真諦。樂觀才有心力重建家園，好好的生活工作，再站起來。

培養樂觀的方法

我們一定要培養樂觀的積極態度，才能讓自己在受創時恢復朝氣，給自己力量。樂觀的態度是可以學習的，積極的心智是可以培養的。培養的方法是：

1.樂觀的人能為自己說好話

樂觀者不會讓一次挫折氾濫成災，影響到整個人生或一輩子。他們懂得「區隔」，會為自己找出正向的解釋：

「這次創痛雖大，損失只是人生的一部分，我還有很多，只要努力還可以再創造。」

「這個災難令我一無所有，但那只是現在，而非未來一直如此。」

「我失去至親，很痛苦，但我還有一些親人和朋友。」

相反的，悲觀的人會因為一次挫折，而視為人生的全部挫敗，以致沒有信心重新拓展新機。

2.樂觀的人把挫敗歸因於暫時

樂觀的人在受創時，會認為這是暫時原因，他們會對自己說：

「這是一時的意外，不是阻絕我努力開展幸福人生的永久性因素。」

「這只是暫時厄運，而非永遠走不出來的死胡同。」

悲觀的人則正好相反，他們認為那是永恆的創傷，無法彌補和改變。

3.樂觀的人不埋怨自己

樂觀的人在事情出了岔子時，只把它視為一種意外或失誤，想辦法去克服；他不會像悲觀者那樣坐以待斃，埋怨自己說：

「我無能為力，我絕望！」

「什麼都無濟於事了！」

樂觀的人，總是在出岔時，想辦法補救，願意做亡羊補牢的事，他們說，「我可以努力克服它！這就是人生的承擔！」

請把握這些要領，打擊你的消極想法，讓它們不能得逞，從而發展積極和樂觀，好好的生活，這是生命的真諦，也是每個人應有的承擔。不要用財富和名利作為樂觀的誘餌，愛惜人生，珍惜精神生活的成長。因為，我們總要捧著這顆樂觀、亮麗、有悲有智的堅固心，去參望那永恆的本體世界。

7 信仰與價值觀念

宗教信仰決定個人的人生態度，也決定其適應的能力。我們因為有宗教信仰，生活才有了準繩，精神生活才有指引和依託。

宗教信仰決定個人的人生態度，當然也決定其適應的能力。堅定的高級宗教信仰，對個人發揮強大的精神力量。

就佛教的觀點看宗教，宗是指生命的蹤跡，是對於人何處來，未來何處去，做了深度的參透。教是指對於生命意義與究竟，有所體驗後所做的教化。我們因為有宗教信仰，生活才有了準繩，精神生活才有指引和依託。

認識生命的真相

唯識派心理學認為，生命是一個實現，是透過因緣、環境和種種條件，去表現它。生命不是永恆的，它只是實現的表象，有起點，也有終點。但每一個生命的背後，卻存在著一個真我或佛性，它是永恆的存在或永生。

生命是一個因緣所生法。因此，生命如夢，如旅行。但唯識家卻指出，明知其如夢，但要來人間築個好夢，不是來場惡夢。明知人生如一趟旅行，但要做個好的旅行，而不是做個差勁的旅行。

這個好夢是透過仁智雙修或悲智雙運才辦得到的，也只有透過這兩個因素，我們才能看清生命的本質。然而，生命所面對的卻是一個無常、一個不斷變化的世界。它的特質是不確定性。所以我們必須認識生命的真相；我們生活在變動的環境之中，因此生命的職責就是適應和精神的成長。

適應無常的變局，需要的是慈悲和智慧。透過慈悲的愛心，我們知道愛己，也懂得愛人，從而發展幸福的生活；透過智慧，從創造、領悟和解脫之中，看到生命的最終歸宿及其意義。透過悲智雙運的力量，我們有幸福、有喜樂，從中發展了成熟的真我。佛陀在《阿含經》中說：

我生已盡，梵行已立；
所作已作，自知不受後有。

當一個人到了生命的終點時，他已用愛與智慧，做了該做及應做的事，已完成圓熟的自己。更重要的是，他已成熟到不再執著於我，不再自私，不再為那些成就而眷戀。那時，才從這個生命世界，超越或躍升到一個高層的精神世界。

生死學對生命的啟示

人生的價值建立在智慧與愛的信念上。這就是聖哲們所說的「悲智雙運」修行法門。我覺得要讓現代人接受這個道德定律一般的信念似乎很難，因為我們已學會一種思考上的刻板習慣：沒有科學為背景的東西是不能接受的。於是，現在我想引用穆迪（Raymond A. Moody）對生命臨終的研究報告，以供參考。它可以作為一個頭腦清楚的人，思索生命意義的重要資料。

穆迪是美國醫生，他在一九七五年出版一本書叫《來生》（*Life After Life*）。蒐集訪問了一五〇個死而復生的個案，進行瀕死經驗的研究，發現人在死後，還有另一個「身體」存在與延續。他敘述普遍對死亡的經驗之一是：

在我研究過死而復活的案例中，最難令人置信、且對當事人影響最深的一個共同點，就是他們遇到一片強光。一般說來，它剛出現時，朦朧暗淡，但很快就越來越亮，最後達到塵世間所無的燦爛強度。沒有人對那片光是個人形表示懷疑，而且那是一個很清楚的人。這形體對將死的人散發著愛與溫暖，非言語所能形容。他們感到全身籠罩、融合於其中。

光之人形出現不久，就開始和當事人溝通心意。這是一種直接的溝通，是毫無阻礙的思想交流。和我談過的人，都試著把那些思想歸納為：你準備好去死了嗎？你這一生做了什麼可以展示給我看？你這一生所作所為，自己覺得滿意嗎？光之形體為當事人展現其生平回顧的全景。顯然那形體能看透當事人的一生，所以不需要什麼資料，它唯一的願望是喚起回顧。

這種回顧來得極快，每件往事立即出現，照塵世的時間觀念，只是心靈之眼一瞥即知的剎那而已。向我報告的人都同意，回顧的情景十分清晰生動。他們目擊展現的情景，似乎著重在做人的兩大要端：愛人和求知。

從那些瀕臨死亡的經驗中，似乎得到顯然一致的教訓。幾乎每個人都強調今世要培養一種極難得的深厚愛心去愛別人。有個見到光之形體的男子，甚至當他畢生往事呈現在那形體之前時，他仍然受到完全的愛寵與接納。他覺得那光的形體問他是否也能這樣去愛別人，他現在認為在有生之年，決以此為己任。

此外，還有許多人強調尋求新知的重要性。在他們的經驗中，他們深深感到，甚至在去世之後，擷取知識仍繼續進行。有一位女士自從經歷死亡之後，就充分利用所能得到受教育的機會。另一位男子則建議：不論你多大年紀，千萬別停止學習。照我看，這是一直進行到永恆的過程。

穆迪的研究報告是目前我們能知悉最接近死亡的經驗紀錄。我們無需把這個資料做擴張的解釋，只是把這個極為普遍的現象，當做人類臨終時的精神狀態。光是這樣一種認知，也應能引起我們對生命永恆存續的關注，對精神生活之豐足及成長的關懷，以及對行善與求知的樂意。

所以你我都一樣，要愛人也要愛己。愛不是野心，也不是佔有，愛必須用你的智慧去實踐該做的事，去過正當的生活，從而創造喜樂和幸福。

慈悲和智慧是我們每一個人回答自己的人生、同登精神法界之路。

叁

生命的實現

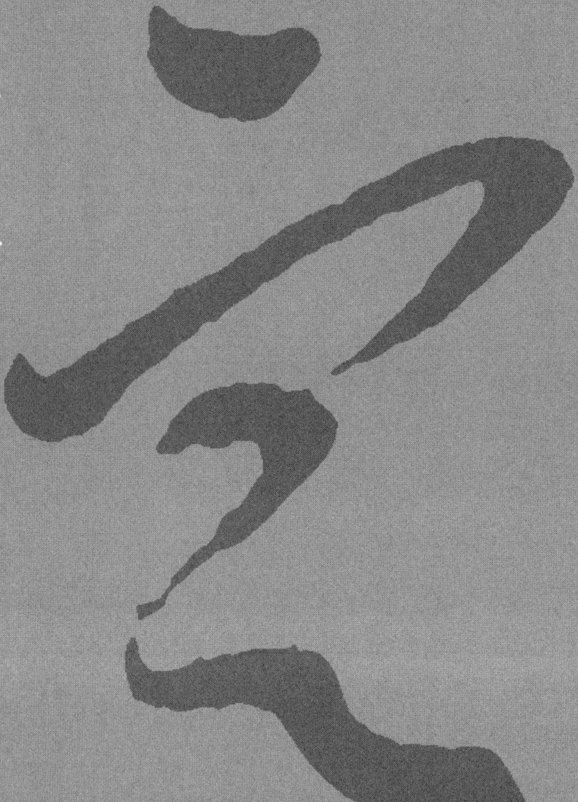

别境法門的運用

每一個生命都是唯一獨特的，
必須獨個兒在自己的生活中，
找出實現的門道。
它抄襲不來，
也摹倣不來，
因為你是如此的高貴，
非得由你親手去實現不可。

1 實現的基本因素

要實現自己的人生，回應自己的遭遇，就必須有自己的目標，有自己的價值與判斷，有充分的知識和能力，保持心理的平衡和堅毅度。

每一個生命都是個別存在，各有其獨特性，都注定依自己的根性因緣，去實現其生命。生命既是唯一的、獨特的，那麼就沒有什麼好比較；它的重心是如何珍惜它、實現它、表現出它的燦爛和價值。因此，生命在心所法裡屬於別境，彼此不同，遭遇和環境各異，所以每個人都要當自己的主人，走出光明的人生路，這正是生活之道。

佛陀在靈山法會上，以拈花微笑來表示生命實現的真理。他面露喜悅的微笑，手裡拈著一朵盛開的美麗花朵，展示給大家看。他用象徵的語言表示了生命的真諦。意思是說，每一個人都像一朵花，但每一朵花都各不相同，顏色不同，形狀、芳香各異，開花時節和所需養料也不一樣。所以，彼此間不能做比較。但有一點是相同的，那就是綻放時所感受的喜悅則不分軒輊。

每一個人都應該依自己的根性、因緣、環境和遭遇，各自走出光明的人生，過實現的生活。人注定要了解自己，接納自己，用手中所擁有的，去過喜悅的生活。如果你等著擁有什麼才高興，就永遠得不到喜悅。生活就在當下之中，生命之美也建立在現有的資糧上。

生命的意義是以你所有的資材，去創造，去生活，去實現生命的愛與智慧。每一個人都是個別的境況，你無從抄襲，更無法拷貝；每個人所要面對的生活情境、接受的挑戰和遭遇、職業和生涯各不相同，要解決的問題也不一樣。你的問題必須由你去思考和回應。

要實現自己的人生，回應自己的遭遇，就得有自己的目標，有自己的價值與判斷，有充分的知識和能力，能保持心理的平衡和堅毅度，還有你必須要有創意和智慧。

為了實現生命的意義，我們必須面對生活和工作，所遭遇的每一件事，所接受的任何挑戰，都是一種別境，都必須你獨個兒去面對，而且每一件事，都不相同，都有它的希望和目標（欲）、基本信念和價值（勝解）、所需的知識和能力（念）、專注不散的定力（定）、歸納、思考和創造的能力（慧）。也就是說，人要完成任何事，都必須要有動機、基本信念、做事的方法，而且要專注地思考和行動，才會成功。《唯識三十頌》云：「別境謂欲、勝解、念、定、慧；所緣事不同。」

別境的作用有其特定對象，修行是為了精神生活的成長和覺性的圓滿；生涯是為了遂行一生的目標和意義；在日常生活與工作中，想完成一件事，滿足自己的需要也是別境。唯識學指出：要完成一件事，必須具備五個因素，那就是欲、勝解、念、定、慧。茲依《百法明門論》闡釋如下：

1.「欲」是正確的動機和發心：所謂「希望為性，勤依為業。」人有了希望和動機，就能勤勞努力。在心理學的研究指出，高動機的密集練習，使學習的效果大大提高。要選擇一個正當的目標，好好的嚮往它，就能產生百折不撓的動力。這是成功的第一步。

2.「勝解」是一種見地和看法：所謂「於決定境，印持為性，不可引轉為業」。它是人的定見，能指引行動的方向。觀念和見解正確，要達到目標就容易；觀念偏差，不但事與願違，更會導致失敗和困境。

3.「念」是資訊和知識：所謂「於曾習境，令心明記不忘為性，定依為業」。它是做事的能力和工具。有正確的資訊和知識，就能掌握問題的重心，提出解決問題的方法。現在是一個資訊時代，無論什麼行業，做什麼事，誰掌握正確資訊，誰就是贏家。

4.「定」是專注的思考和工作：所謂「於所觀境，令心專注不散為性，智依為業」。它使我們完成想要完成的事，並從中獲得更多智慧，來解決生活和工作上的問題。它代表著堅持或毅力，一個人能克服困難，堅持完成其計畫，是一種心理健康的表現，也是成功人生所必須。

5.「慧」是創造和明辨的智慧：所謂「於所觀境，揀擇為性，斷疑為業」。對於所面對的情境和問題，能區別思考，確定問題、解決問題，這是思考和創造的能力。

透過別境的五個因素，能把問題釐清，思考如何解決問題。人無論碰到任何事情，都必須以這五個因素為解決問題的要件。我們的心性修養、倫理行為，乃至平常的待人接物，亦以此五個要件為依據，茲圖示如下頁。

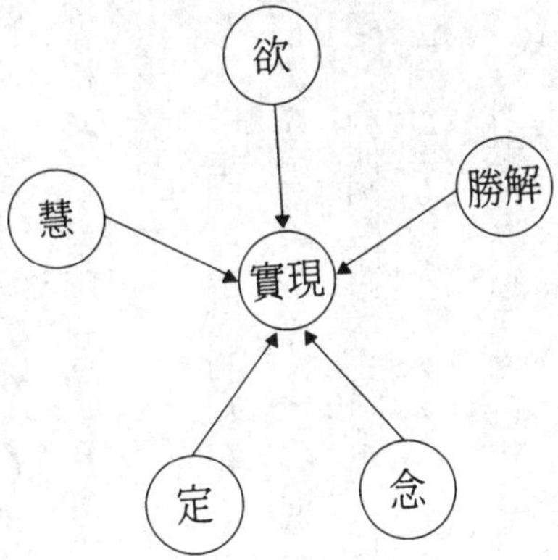

以實踐孝行為例，孝的動機和發心是行孝的基本動力。但是如果不在宗教或實踐圓滿人生的期待和信念上加強，孝的價值就顯現不出來，尤其是在工商社會，家庭功能逐漸式微，功利的價值高於倫理的價值，孝行可能漸漸不被重視。事實上，許多獨居老人失去照顧的情形，已逐漸成為新的社會問題。

孝的價值一旦建立起來，成為意識的一部分，孝行才能持續不變，並心甘情願地實踐孝行。這時就會產生孝的信念和概念，那就是勝解。例如《孝經》紀孝行第十所謂「孝子之事親也，居則致其敬，養則致其樂，病則致其憂，喪則致其哀，祭則致其嚴，五者備矣，然後能事其親。」

就是一種勝解，子女會用它做為行孝的基本依據。

可是這樣的觀念是粗略的，如果沒有充分的知識和能力，則行為可能產生錯誤。尤其是在資訊發達的時代，子女對於父母的健康、心理調適、心靈上的撫慰等等，都必須有所了解。老人的照顧和安慰、臨終的關懷等等，如果缺乏具體的知識和能力，孝行的品質就得不到保障了。因此唯識所謂的「念」，便成為孝行中很重要的一環。

第四是關注持續的照顧。孝道是一種大愛，是一種對父母的給予和關懷。子女必須經常探視父母，了解他們的需要，能持續用心在他們身上，才可能為他們解憂，為他們做適當的照顧，為他們帶來安穩欣慰。因此，唯識所謂專注不散的「定」，是實現孝行的另一不可或缺的因素。

最後孝順必須建立在智慧上；子女必須對父母做適時的回應、適當的處置，以符合父母的需要。一成不變的作法，往往使孝行變調變質。由於社會的變遷，現代人應設法解決孝親的問題。忙碌的工商社會，子女無法全時照顧年老父母，因此，共同創造老人安養院是正確的方向。不過安養院不是老人棄置所，而是要真正的安養和照顧，子女除了付費之外，也要盡安慰、探視和照顧的責任。

孝道應予重視，還有一個心理學上的問題，其與唯識有關。我們每個人都是父母所生，是父母撫育、扶持、拉拔帶大的，父母是個人潛意識世界中安全感的來源。有些人因忽略孝道而無意中傷了自己的安全感，產生焦慮性精神官能症，或精神生活的失調。我相信孝道的忽視是這個社會混亂不安的根源之一。

別境理論，無論從生涯和工作、愛與慈悲、人際互動與服務、情緒管理與心理健康等方面來看，它都能提供相當完整的思考和行動步驟。特別是在教育、心理諮商和輔導上，運用別境理論，能幫助一個人重構健康的行為和習慣，協助其完成生活任務，具有相當的功效。

每個人的人生、事業、婚姻、身體、人際各方面，都是一種別境，你所要面對的問題與別人不同，是個別要去回應和承擔的別境。在你的一生中，總免不了有挫折，或者需要調整的時候，只要能運用欲、勝解、念、定、慧這五個因素，酌加調整，就能轉危為安，就能振衰起弊。

2 懷抱希望而活

我們的人生，總是有許多轉彎之處，你注定要在遭遇之中成長，做些調適，迂迴前進，但心中卻永遠懷抱目標和方向，抱持樂觀和希望。

人活在希望之中，它不是欲望，而是一個有價值的目標和方向，朝著它努力前進，抱持著熱情和堅毅的心力。

人不可以沒有希望；沒有它就會頹廢和沮喪。透過希望，我們會有目標，腳踏實地；有方向感，不會為了一時不幸的遭遇或引誘而迷失。《唯識論》中說：

之何為欲？
於所樂境，
希望為性，
勤依為業。

有目標的生活不但可以讓人表現得振作勤奮，而且還能感受到快樂和充實。不過，我們必須釐清，如果所懷抱的目標是不切實際的，是自己達不到或邪惡的目標，那就不能構成希望和快樂。因為不當的目標，所帶來的後果是不安、恐懼和自責。為非作歹的生活目標並不能構成希望、成長和精神的提升，反而會陷致墮落和不幸。

人必須懷抱希望和目標。你可以依據自己的因緣和特質，選擇目標和方向，建構切合實際的希望。但人是無法選擇遭遇的，因為遭遇已經出現在生活現實之中，除非你能克服它、超越它、包容它。

於是，我們的人生，總是有許多轉彎之處，你注定要在遭遇之中成長，做些調適，迂迴前進，但心中卻永遠懷抱目標和方向，抱持樂觀和希望，故云：

由希望境力，
清心、心所方取所緣，
故經云欲為諸法之本。

懷抱著目標和方向的人生，才能令我們活得有希望，活得有力量。教育的目的之一，就是要幫助每個人發現其人生的目標，從而建立一個穩定的生活架構。

從兒童到少年，人們對自己的人生，有著強烈的憧憬，一種振作、希望和光明的期待。人人都期望受到重視，有著成功的強烈動機。很不幸的是，許多孩子在功課上表現不佳，被大人一而再的評語為不好，而漸漸失去希望。這是青少年所以鋌而走險、放棄正路的原因。許多青少年因長期生活在被批評的環境中，不斷的被指正、苛責而陷於失敗之中，於是他們的希望一直不能萌芽，心中存有的只有虛妄的奢望和失望。

我不是要父母和師長不指正孩子的錯，而是要把欣賞孩子的優點擺在第一優先，這才能使孩子形成健康的自尊，從而孕育其人生的希望和目標。否則，孩子就會成為挫敗者，欲振乏力；不是造成心理不健康，就是不肯學好，成為不勤於正事或為非作歹的人。

就個人心智成長而言，人生的目標起先是籠統的，如果自尊的發展良好，就會隨著興趣的試探、能力的發展、人生觀的形成，漸漸具體化。但無論如何，一種欣悅的希望，一直是一個健康的人所綻放出來的精神特質。從兒童時代開始，一直到年老，這種積極主動的性格特質，會從頭到尾貫穿下來。我們也靠著這個力量去面對逆境，調適許多生命有待轉彎的地方。

活在希望裡

人是否生活得振作，有精神面對每一天的生活，端看他有否一個自認有價值的目標。這種對目標的期待、努力和醉心的夢想，形成了他的希望。希望不是野心，因為野心是一種貪婪，它雖能促使人努力，但卻驅使欲望凌駕於人之上，使他成為欲望的奴隸。

希望是一種主動性，由信心和興趣所引發，形成一種活潑的生命力。主動性使一個人漸漸開展視野，有更多的創意和快樂。

觀察偏差行為的青少年，他們只有一時的衝動，而缺乏值得前瞻的目標及其所引發的希望。衝動是一個沒有結構性、缺乏意義導向的行為，無論他做得對或做得錯，都引發不起有價值的希望之感。

缺乏希望的人是無聊的、衝動的，空虛往往使他們做出非行。無聊和衝動可能是心靈生活中的一種罪惡。這些無所事事的青少年，很容易群聚在一起，做出他們意想不到、甚至是失控的行為。

不僅青少年如此，依我看來每個年齡層的人都不例外。成年世界中缺乏希望和目標的人，總是出現許多適應上的難題；他們藉打牌、搓麻將、沉迷於酒色來打發時間。老年人缺乏值得他仰望的目標，沒有建構生命的終極關懷信念時，也會變得沮喪和痛苦。

阻礙我們發展出希望的最大原因是不肯行動。大部分的人不是沒有目標，而是缺乏行動，希望也就發展不起來。他們寧可窩在懶散不起勁的溫床裡，不願意站起來行動，去做或學習有價值的事。青少年會說：

「我就是沒有興趣讀書。」

「那麼你的興趣是什麼？」

「我沒什麼興趣。」

「何不試著學一技之長？」

「我才沒有耐性呢！要學到什麼時候才學會呢？」

大部分的頹廢者，都會以「我沒興趣！」「我懶得動！」「我沒耐性！」「我學不來！」等當藉口。但真正的關鍵在哪裡呢？依我看來有兩個因素：其一是主動性被壓抑下來，其二是懼怕失敗。人如果不去做些使自己有成就感的事，做些有價值的行動，就會失去自我肯定和別人對他的欣賞和支持。堅持做該做的事，從中累積經驗和榮譽感，是培養主動性和信心的最好方法。

我很佩服美國的哈特曼醫師（David Hartman, M.D.），他是美國第一位受過醫學院課程的盲人醫師，在其所著《白袍・白杖》（遠流出版）中，描述了自己從八歲開始，因視網膜剝離而成為全盲的孩子。他有過很多努力，為自己的一生奮鬥。他學習許多謀生技能，也是測驗合格的廚師和籃子編織工人，但他立志要當一位醫師。他遭遇到接二連三的挫折和奮鬥，申請進入醫學院，卻一而再被拒絕。憑著他的毅力和努力，最後進入天普大學（Temple University）醫學院，為了學醫，每天必須花十六個小時努力；為了學習，他比別人更用心，因為他看不到。他忍受了許多歧視、冷嘲熱諷、潑冷水和排斥，但他繼續努力下去，克服各種實習困難，完成全部課程，而成為合格的醫師。

他將其成長及求學過程寫了出來，閱讀再三，我發現他的主動性一直很強；在挫折之中其信心從未動搖。他在回顧往事中寫著：「自從早期仰慕齊爾舅舅開始，我對自己憧憬當一個醫生，就揮之不去……我真想成為無所不在、救人的醫師，它始終在我的腦海裡。」抱著這份希望，維持了強烈的主動性，同時也因受過許多技能的訓練，讓他有信心去實現他的心願。

懷抱希望就能孕育強韌的生命力。我們的一生，並不是為了有什麼大成就而活，但卻為實現自己的人生而活。你不要拿成就來互相比較，真正值得重視的是有勇氣，讓自己過得有價值。我看過一位罹患小兒麻痺症的年輕人神采奕奕地生活、旅行和工作。他說：「我的雙腿雖然不行，但我有雙手和受過良好教育的腦袋瓜子，這樣就夠我用不完了。」

在宗教信仰上，懷抱著崇高的希望，仰望著本體世界，不斷提升精神生活，讓自己接近大愛和智慧，會感受到與本體世界相應。人生的努力若有更崇高的目標來指引，那麼有限的生命，會延伸到無限的存在。這使一個人能感受到安身立命的喜悅。這種宗教信仰上的希望，不是建立在屈服和求助，而是建立在信仰、愛、慈悲和智慧的開啟上。

人透過希望而發展成主動性和樂觀，它對生活和工作產生強大的支持力。其對個人身心健康影響殊大。英國皇家學院研究癌症病患，發現當患者知道自己罹患癌症時，能積極面對挑戰的十個人，十年之後有七個人存活。表現悲觀者，十人中僅有五位存活，其中四位不到十年就死亡。至於那些聽天由命者共有三十二人，十年之後死亡二十四個人。另外，還有一次研究，追蹤一百二十二個心臟病患八年，最悲觀的二十五人中，有二十一個人死亡；最樂觀的二十五人中，只有六個人死亡。

希望是我們活得好、活得充實和健康的動力。

走好生涯路

人的生涯必須有目標，這就是《唯識論》中所謂欲的部分。人生要「先參透為何，才能迎接任何。」

生涯路必須建立在愛、求知和生命的實現上。我們在有生之年，要活得好就必須珍愛自己，珍愛手中現成的資糧，用它來成長、創造和實現人生。因此，定位人生的目標和方向，要符合自己的興趣和能力，並用愛與求知來實現它。人不能做不切實際的夢，只有踏實、有愛心、肯求知的人才會豐收，才過得滿意。

每個人的性向不同。哈佛大學心理學家迦納（Howard Gardner）經過多年的研究，提出多元智慧的觀念，把智慧分成語文智慧、音樂智慧、數理—邏輯智慧、空間智慧、肢體—動覺智慧、人際智慧和內省智慧。每個人都具有這些智慧，但有一種最為傑出。我們要發揮所長，也同時要學習其他基本的能力。生涯就從這兩個方向著手，走出自己的人生，發展自己的潛能。

每年有許多青年在繳交大學入學志願卡時，會面臨很大的壓力或為難。有些年輕人因為父母強制他們選擇指定的學系，而覺得痛苦，甚至影響潛能的發展。有些年輕人則在性向與功利價值之間，做了錯誤的選擇。

此外，個人智慧和興趣的發展，需要學習、嘗試及生活經驗等活動來誘發。如果缺乏實際活動的刺激，就缺乏明朗化經驗，而把潛能壓抑下來。因此，孩子學習過程中的主動嘗試和鼓勵，以及豐富的生活與實務活動，對孩子智慧和興趣的發展影響殊大。

教師或輔導人員在幫助學生或個人做生涯規劃時，所做的興趣和性向測驗，理論上是根據個人過去生活經驗的表現和感受來做評量的。如果一個人缺乏實際經驗和活動，只一味讀書，要正確測量其性向和興趣是有困難的。

尤其是現代的年輕人，大多是在電視機面前長大的，每天所面對的又是白紙黑字的書本，因此少有機會做試探性的學習活動。他們的性向和興趣有些模糊，興趣量表或其他評估量表未必能做準確的評估。我把這種現象叫做性向模糊，是現代教育亟須重視的課題。

時下年輕人在離開學校以後，只是畢業或受過某專門領域的知識，但大部分的人，仍然不甚了解自己的性向和興趣，以致不斷更換工作，或者成為職場上沒有方向的流浪者。這對他本人是一種挫敗，對社會而言也是一種損失。了解自己的性向，朝自己的潛能發展，會使一個人振作、有興趣，而且易於成功。《唯識論》中說：

欲所起一切事業，
或說善欲能發正勤，
由彼助成一切善事，
故論說此勤依為業。

人們只要依其潛能特質訂下目標，就能精進，把事情做好。

在佛教的論點，如來的意義就是面對真實。能覺察真實就是如來，也稱為佛。如來有兩層涵義，其一是面對自己的根性因緣，走出自己的人生路，從而獲得生命的實現和喜樂。其二是究竟的如來，是超越塵沙、見思和無明惑之後，證得圓成實性的如來。這兩者在生涯的發展上，同等重要，值得每個人力行實踐。因為第一個是發展當下的自己，從而得到實現和快樂。另一方面，當一個人參透無所從來的如如自性時，他面對人世間的成敗、起落和善惡，才有自在冷靜、不受牽縛的心靈自由。

3 生活的基本信念

正確的價值觀能促進個人及社會的成長；錯誤或邪惡的價值觀則導致人的墮落和社會的紊亂。

人需要一套自己所奉行的信念和價值體系。無論它是正確或是錯誤，是邪惡或是正義，信念和價值體系是心靈生活的一種需要。

正確的價值觀能促進個人及社會的成長；錯誤或邪惡的價值觀則導致人的墮落和社會的紊亂。前者開展了人類的愛與智慧，精神生活因之提升，幸福感也就得到實現。後者則建立在恨與控制，它使精神生活墮落，而走向不幸和崩潰。《唯識論》把它叫做勝解，不同的個人或群體，都會有不同的勝解引導其判斷、行動和生活方向，即使他人或團體有了不同的看法，也很難改變它。所以說：「於所取境審決印持，由此異緣不能引轉。」

人如果缺乏一套價值系統，前後行為的一致性，就很難維持，對自己的認同也會因而鬆動，這會造成人格的異常。因此，每一個民族都有他們的生活規範、宗教和基本價值系統，每一個人也有其自己的人生觀。

從生命的發展來看，人類必須走向愛、清醒和智慧，才能彼此互助合作，得到溫馨和支持，更重要的是認清真實，做正確的回應。

我們因為有了愛和慈悲，才不致覺得不安和孤立，也因為有了愛，我們才學習珍惜生命，漸漸脫離野蠻。人類在種族之間的互相衝突、仇視和敵意，使歷史染上血腥的味道。在個人成長過程中，如果失去愛與慈悲，一樣會造成心靈的扭曲和潰敗。

我們有兩個方向，正好南轅北轍，其一是愛與智慧，這能帶來個人精神的高度成長，和文明的提升。其二是恨與無知，這令我們走回野蠻，或心靈生活的墮落。我們的心理健康和幸福是建立在愛與智慧上，而不是建立在恨與無知上。在人類發展史上，人類透過愛與智慧，才有創造、和平和文明的誕生。

健康的心靈

一個有愛和有智慧的人，不但具有生命的熱情，而且有能力清醒地面對生活，這樣的人才擁有健康的心靈。佛陀把這樣的人稱做菩薩。在經典中菩薩的意思就是覺有情；是一位具備豐富感情、又是清醒覺察、能勝任生活的人。

菩薩的愛是一種能力，能幫助別人，能給人希望、給人信心、給人方便。菩薩的愛，是對當事人的關心，依當事人的需要和特質給予協助，並以豐富的知識來達到愛人的目的。

愛是對生命的珍惜與珍重。它的目標是精神生活的提升，促成心靈的成長。日本作家乙武洋匡是個天生沒有四肢的人。他的母親第一次抱起他時，卻以愛來擁抱他，並說：「怎麼會這麼可愛！」母親的接納、照顧和提攜，使這位肢體嚴重殘障的人士，開展了燦爛的人生。他能寫作，能依自己的方式運動，能旅行，也能使用電腦。看著他那璀璨的笑容，就知道愛是多麼神奇，多麼重要。

生命源自愛，成長於愛，最後還是要在愛中找到歸宿。因此，愛與智是生命的創造力，是生命的光與熱。

得到愛的人其人格發展健康；沒有得到愛的人就會受到扭曲。愛不是溺愛，愛是幫助一個人成長，接納他，了解他，啟發他，支持和欣賞他。這樣的教育一定能因材施教，把孩子帶起來，成為快樂、有活力和有創造力的人。

愛常常被一層虛榮所遮蓋，被野心和欲望所扭曲；當父母親存著野心，要把孩子教得出人頭地時，孩子就被壓抑了，被父母親的欲望所佔有。於是，愛之深責之切，孩子的自尊變得不健康，心靈生活也跟著頹廢下去。依我的觀察，孩子所以墮落，或者鋌而走險陷於犯罪邊緣，或在人格上發展不健全，都是錯誤的愛所鑄成的。

人不是被造物，而是具有成長和善良的稟賦。每個人成長到一定的年齡就該對自己負起責任，學習自愛，尋找成長的機會，去學習、去擴充經驗，使自己成為健全的人。你不能把責任全部推給父母和教師，更不該把責任諉諸社會。如果一個成人不願意上進、發展愛心、珍惜生命，那是自甘墮落，而不會是環境所使然。

我們的文化提供了許多健康的愛和資糧；一個人若放棄愛的信念，表示他背棄了自己。傳記文學中表現愛和智慧的事例很多，社會上亦有許多溫馨的事件。只有自甘墮落的人才不願意奉行愛與智慧的信念。

我相信多讀人道主義者的傳記，有助於一個人開展大悲大智的行願。我也相信，透過高級宗教的啟發，能開啟一個人心靈的成長。

信念的力量

我們不難找到崇高價值觀念的人，他們往往是人類心靈生活的先知，帶給我們真知和灼見，啟發我們對生命的深邃勝解。我們若能用它來觀照自己，回應生活，必能改變自己的命運，活得更有價值、更光采。

要改造自己的人生，就得先改變信念；改變自己的命運就得先建立正確的價值觀念。你想過成功的人生，就得學習積極，懂得負責，學會面對真實，保持生活的平衡。你想生活過得快樂，就得學習樂觀的思考習慣。

勝解決定了人的行動和情緒，改變勝解，調整了正確的觀念，你的人生就走在正確的軌道上。

在心理諮商上，你若能幫助案主建立新的信念或價值體系，他的行為態度就會有全新的調適。健全的人生必須有以下幾種信念：

● 對真理的奉獻。

●對人的服務和奉獻。

●對生命的愛與珍惜。

●對宗教的虔誠。

信念帶給我們行動的力量和方向。二十世紀的科學家居里夫人（Marie Curie）在純化瀝青鈾礦和抽離鐳的工作，發明了新的技術與製程。她和居里兩個人共同得到了諾貝爾物理學獎。有一天，他們收到美國工程師寄來的信，說鐳在治療惡性腫瘤上具有療效，能否把製造的技術告訴他們，好讓他們也能提煉它，做進一步的實驗和使用。居里先生把來信讀了一次說：

「我們是把技術原原本本，毫無保留地告訴他們，」

「喔，當然如此。」居里夫人說。

「或者，我們可以以鐳的發明人，而擁有這項專利？」

居里夫人想了想，接著說：

「不行，這樣做違反科學精神。」居里說：

「我也這樣想，但不希望輕率決定。我們的生活苦，它威脅我們永遠過苦日子，而且我們有孩子，也需要完善的實驗室。」居里夫人說：

「物理學家永遠要把他們的研究公開。如果我們的發現有了商業性的未來，那也是一種偶然，我們不該用它來獲取利潤。何況鐳將對治療疾病有用，我們不能從中取利。」

他們兩個人的談話，把他們對科學研究的精神和信念，很清楚地表達出來。這樣的對話是很感人的，是很崇高的價值觀念。於是，他們把技術告訴美國工程師，當他們寄出這封回信後，兩個人騎著腳踏車，在鄉間漫步。

在科學發展史上，有許多醫學研究者，為了研究兇惡的傳染病，如黑死病等等，前仆後繼，才找到對抗病原的方法，他們的信念和行動，給人類帶來幸福和健康，也給文明注入新的光采。

正確的信念使人內心安定，碰到挫折、危機和橫逆時，得以安定鎮靜、從容去應付困難。第二次大戰美國名將麥克阿瑟（Douglas MacArthur）在登陸菲律賓的攻堅行動中，自己身先士卒，帶領著部隊搶灘登陸。隨行的戰地記者問他：

「將軍！你不怕嗎？」

麥帥看了看記者，回答說：「不怕！」在敵軍炮聲隆隆之中，他仍保持從容前進。他看了記者一眼，問道：

「你怕嗎？」記者接著回答說自己很怕。

記者強忍著心中的懼怕，在槍林彈雨中，跟著將軍的腳步涉水登陸。記者好奇地問：

「將軍！你為什麼不害怕？」麥帥以沉著的口氣說：

「上蒼派我來擔任這個任務，相信在還沒有完成它之前，祂是不會把我召回去的！」

偉大靈魂的背後必定有個堅貞的信念和信仰。

健康的人生，當然也靠正確的信念來引導。一位在工作中發生意外、殘障而行動不便的親戚，每一次我看到他，他總是笑容可掬，眼神中好像輝映著燦爛的陽光，我問他：「你怎麼使自己心情愉快的？」他說：

「上蒼對我說，我給你這堆破銅爛鐵，看看你能否創造出美妙的藝術，拿來給我看看。所以，我每天都珍惜這些，好好創造生活藝術給祂看。」

信念是精進的、求真的、培養德行的、提升能力的，就能使人振作有活力。

信念若是頹廢消極的、是邪知邪見的，就會變得沮喪，甚至活不下去。有許多人就為了景氣不好，而覺得走投無路，怨天尤人，使他的心靈生活變得低潮憂怨。但也有人秉持一種看法：生活不是好就是壞，起落之間都是生活的挑戰，要心甘情願面對，要努力使自己振作。兩者之間，真是天壤之別。

錯誤的信念

錯誤的信念和知見，不但帶來錯誤的行動和惡果，而且會造成情緒的惡化或低落。不安、自私和敵意帶領一個人過度防衛，形成精神官能症、情緒失常等心理症狀。反之，抱持搏愛、互助和勇氣，相信人類有理性，能慢慢把事情弄清楚，則其包容、寬恕和慈悲之心，就容易發展開來。

慈悲的意思是能對別人的困難、缺失和錯誤，抱持了解、同理和寬恕，然後願意以平和的態度，協助他人解決困難。相信宇宙之間有一種光明的力量，願意與它相應感，努力去迎接它的人，就是一位大悲大智的菩薩。對人和眾生抱著較高的安全感，精神生活顯得健康，從而形成菩薩性格。反之，抱持強烈不安和懷疑，心靈生活就變得不安，心魔也跟著出現。

在我們的日常生活中，有幾種信念，最容易把自己帶入死胡同裡。

- 誇大失敗，對自己好的一面，一味疏忽它。即使有些成就，也把它看成偶然，覺得自己處處不如人。
- 總覺得別人都在對自己品頭論足，好像大家都在指責他哪裡沒有做好，或者笑話他沒把事情做得完美。
- 凡事要求十全十美，別人指出一點瑕疵，就認為自己一文不值，於是很怕別人指教，拒絕別人的建議，甚至沮喪起來。
- 只要別人沒有予以讚美，就是失敗，這種牢不可破的觀念，讓一個人無法自在。
- 別人對我應該公平，把眼光一直放在這個節骨眼上，以致忐忑不安，憤世嫉俗。
- 輸了就活得沒有意義。

人在成長過程中，會不知不覺地從原生家庭，或者學校師長，乃至從同儕中，學習生活的基本觀念，如果染上以上這些信念，就會把自己折磨得很慘，看不出生活的積極面。這不但容易產生情緒症狀，而且會導致精神異常。

信念決定生活品質和自我功能。許多人把經濟景氣的榮枯歸因於風水。錯誤的歸因，使他疏於做產業升級，改善生產的品質和市場結構。不久，產業結構變遷，緊跟著就破產垮台。我常看到許多人，把身體不健康歸因於祖墳方向不對，把孩子不肯上進歸因於沖煞，把工作上的不順利歸因於姓名筆劃。這些想法或信念，使人失去面對真實、檢討錯誤和勇於改進的機會。

有許多自以為是的信念，使個人的理性麻痹，覺察力降低，甚至放棄自己反省和成長的責任，而造成精神生活的頹墮。這種信念或知見，就是所謂的邪見，它導致個人沉淪，失去理性，而推向神經質、瘋狂和失常。

你不難看到有些人相信用高壓或暴力可以讓別人屈服於自己，任其剝削和宰割。他們表現瘋狂行為，但最後還是毀滅在喪失理性的惡果之中。從唯識心理學來看，所有的信念都必須透過覺察和理性的過程。於是《唯識論》指出：我們要信德、信實、信能。如果把它加以分析，正確的信念或勝解來自：

● 理性的覺察。

● 對生命和生活負起責任。

● 而對真實，不可以曲解和陷入虛妄的揣測。

● 肯克服困難去創造，表現對生命的愛與珍惜。

● 維持人與自然、人與人的平衡，以及內在世界中感情與理智的平衡。

依我看來，違反這些法則的信念，都會使人迷失、錯誤和陷入精神生活的困境。人的一生有許多轉折，你免不了要接受許多挑戰，注定要度過一個個險灘、越過一座座火山。不過信念決定了你的方向、毅力和行動方案。正確的信念能引導你峰迴路轉，步向光明的未來。

教化者的信念

這個社會是喜與惡雜處，正與邪互見。於是，有賴於教化工作者，用其悲願和智慧，進行教化的工作。教師和父母都具有這種身分，政治人物也要負起這方面的關注。教化的工作必須有正確的信念和堅持。

我深信心理諮商、輔導和教育，都屬於教化工作，它們的目的就在於引導一個人覺醒，從而建立正確的人生信念。教化的失敗在於信念的錯誤：當我們把知識當商品來販售，就發生了錯誤；把學歷當目的，把學習當手段則又是個錯誤；把考試當競技，而無視於心智的啟發，更是個錯誤。當然，教化工作者若把每個孩子都看成是一樣的，準備把他們塑造成同一規格，那就更為離譜，也不可能。

我們的社會正快速的變遷，教化的工作必須有愛、智慧與堅持，否則就無法克服眼前的瓶頸。這個時候，教化工作者受到的指責最多，不同意見、批評和阻抗改變，真是困難重重。「現在教化工作者的信念是什麼？」有許多教師在研習會上提出這樣的問題。我的回答是：

「透過覺察、愛心和學習，堅持下去，教化才會成功。」

「可是我們的挫折很大。」有人這麼回應。

「挫折和痛苦是教化工作的本質，但你的心不能被它控制或擊垮。」接著我解釋信念的重要，並將它的本質做了闡釋。後來，有一位教師說：

「唯識派心理學說，人生如夢，為什麼要堅持呢？」

「人生如夢，但要做個好夢，夢醒時才不會覺得空過；人生如旅，但要有個充實的旅程。我們透過如夢如旅的人生，讓自己的性靈成長，德行更圓熟，智慧與愛更成熟。」

「你能說一段公案，鼓勵我們嗎？」

「哲人日已遠，典型在夙昔，佛陀不就是這樣堅持嗎？基督不也這樣堅持嗎？孔子又何嘗不是？」於是，我為大家說了一段近代高僧虛雲老和尚為了度化眾生，所抱持的信念。他說：

悲願度生，夢境斯作；
劫業當頭，警惕普覺。
苦海慈航，毋生退卻；
蓮開泥水，端坐佛陀。

教化工作者要努力教化工作，避免走錯路而變成劫難。我們只有透過悲願和智慧，像撐著渡船度化眾生，不生退卻，人類的心靈才能發展致圓滿。就像蓮生於泥水，仍能堅持信念，讓生命開花，結豐碩的果，這就是覺者的信念和願力。

這個世界是教化者創造出來的。舉凡科學與人文、生命與生活，乃至心靈的成長，都要靠教化。而每一位教化工作者——教師，都應當珍惜正確的信念，因為教化工作者任重道遠。

4 學習新知和觀念

學習是個人心靈生活健康的來源，它能促進個人認知結構的改變，產生嶄新的知識和解決問題的能力。

生命的實現，要靠生活和生計來維持它。其實生活和生命是分不開的。人必須投入他的生存環境，在那兒圖存，而圖存、解決問題、欣賞和領受生命的美，卻需要一套工具。

生活是艱難的，所以需要一套有效的工具，才能適應環境，求活圖存，使自己生活得幸福和充實。然而，環境不斷的變化，社會、經濟和文化生活越來越複雜，所需要的工具必須不斷創新。工具就是人的思考、知識和經驗，透過這些運作，人才有適應和成長。唯識心理學把這些內在的思考、觀念、知識和經驗，總稱為念。

《唯識論》中說：「數憶持曾所受境，令不忘失，能引定固。」它的意思是對於過去所經歷的事，保持記憶不忘，用它來解決問題，以保持生活的穩定與平衡。就現代心理學的觀點來看，個人過去的記憶都儲存在大腦皮質裡，一有狀況就以快速的掃瞄，讀取記憶來比對，尋找解決問題的方法。人類的推理、學習和發現新的知識，是靠著記憶庫的資料和有效的邏輯處理才獲得的。

學習、記憶和創造新知，都是大腦皮質及其邊緣系統合作的結果。它們創造出新知，以便解決眼前的問題。不過，人的大腦裡如果儲存的都是舊知識和資訊，那麼解決問題的能力就打了折扣，甚至要面臨失敗的命運。於是，念的內容必須不斷的改造，不斷學習與成長。

在佛教的教義中，正念、正思維和正知見，都屬於正確解決問題，適當建立清楚的觀念，和不斷重新組合的過程。人如果缺乏正確的念，將無法面對複雜的生活環境。

生活在二十一世紀，你腦子裡裝的是新知呢？抑或是過時的舊貨？要適應這個進步快速的時代，雖非每個人都必須有良好的創造力，但無論如何，人必須跟得上腳步，保持學習新知，才不會在一波波的社會變遷中，被無情地淘汰出局。請注意！挫敗的感受是沮喪的。

不肯學習和成長，遭致一連串的挫敗，會造成一蹶不振，導致沮喪和墮落。

因此，終身學習是現代人非常重要的修持。

學習與適應

人類生活的環境不斷改變，經濟、社會、文化乃至價值體系，都在變遷中，個人必須在面對改變或生活的難題時，能從中看出解決問題的方法、回應的態度和價值判斷，他才能成功的適應。換句話說，一個生活失調、心理健康出了問題的人，主要的原因是他在某方面缺乏正確學習的能力和習慣。

生活是多方面的，所需要的能力和知識很多，包括科學、經濟生活、社會活動、健康、美感、人際互動等等。任何方面的知識，都得透過學習而獲得，如果有一方面學習發生困難，就會造成個人的困擾。不過，其中以人際互動的學習影響最大，如果我們不能有效學習處理人際互動的能力，將會帶來極大的困擾和不安，甚至影響其他方面的學習。

學習是從現實生活中尋找解決問題的答案。透過它，個人的知識結構不斷的改造，認知和思考的方法也不斷提升。學習能力越好，個體也越健康。

學校教育所提供的學習，不應該只有學業，而應該是全部生活能力的學習，我們稱它叫全人教育。從諮商實務中發現，許多學生只學會處理功課，不懂得學習人際的互動，因此人際關係一旦發生困擾，其他的學習也會跟著停頓下來。

家庭生活之中，孩子能否彈性地處理人際問題，大抵先從父母親的身教中學習而來。因此，我一再強調在擔任親職之前，一定要接受親職教育，明瞭如何學習親子間的人際互動。

人格的基本架構是童年以前學習得來的。孩子學習到如何學習的方法，知道怎麼找答案解決問題，就能從困擾和壓力中脫困。

心靈上的痛苦出自無奈和無助，根本原因是放棄尋找解決問題的答案。心理症狀的最原始問題是，停留在原來那個知識結構，以為它是最好的答案，於是產生抗拒改變自己的想法，以致無助、沮喪或逃避現實。不肯改變自己的認知結構，不願意把現有的知識做結構性的重組，就是放棄學習。

放棄學習或抗拒學習（resistance to learning）是心理困擾和精神生活墮落的主要原因。

佛陀的教誡是要保持清醒和覺察，只有覺察才能看出真理，看出事物的真實面目，釐清自己的角色，用最恰當的態度和方法，去面對每一個問題，這就叫如來。如來本身就是個人不斷學習和調適的心力；它不是知識、觀念或資訊，它是衍生及使用知識、觀念和資訊的本身。

人在心智成長的過程中，最嚴重的潰敗，通常都發生在阻抗學習上。因為他抱著一個死答案不放，所以困擾一直揮之不去，心理學家把這種現象稱為執著。但由於這種固著的心智現象有著強烈的情緒在後頭，幾乎像機械咬死一樣無法使心智再度動起來，所以又稱為情染。

學習顯然與情緒經驗有著密切關係。經歷心理創傷、衍生嚴重情緒失衡的人，很難放下不安、焦慮和防衛性，去試探和學習新的適應。因為懼怕和不安產生了固著作用。

在實務工作中，我經常碰到親子間的衝突、人際互動的敵意和夫妻關係的惡化，皆起因於抗拒學習。一位婆婆對剛過門的媳婦抱著自己熬成婆的想法，頤指氣使，不願意學習新的相處之道，以致衝突不斷。她氣憤地說：

「我是長輩，她怎麼可以不尊重我呢？」

「你是長輩，但人的和諧並不全然建立在這個關係上。媳婦固然要尊敬你，但彼此也要有一套和諧互動的方法才行。」

「有什麼方法？我所有的方法都用盡了！」

「如果你想改善你的心境，改善你與媳婦間的關係，你就必須學習新的互動態度。」

她決心學習新的人際互動關係，並把這件事當做學佛的功課之一。她別無選擇，願意學學看。這個個案，與其說是一個諮商，不如說是一項學習計畫。經過建議她學習三個原則：

- 每一個人都希望得到肯定，只要你能找到適當的時機，對值得肯定的事表示真誠的欣賞，就能建立良好的人際關係。
- 誰都想成功，你得便能協助他，讓他獲得成功，就能獲得人際信賴。
- 任何人都喜歡別人的關心，你要在生活中關心他和支持他，你們的關係就會和諧。

在這個教育計畫中，她必須先學習沒有回報的給予，必須練習少批評，不在缺點上作意，要多看媳婦的優點。每天試著去觀察她的優點，這樣才能減少不滿和敵意。

要學習這幾項功課並不容易，因為舊習容易出現，而新的功課不易確切的把握。不過，經過幾次指導，她進步很多。有一次她說：

「我現在才學會怎麼當婆婆；少批評，多欣賞，只要做得來的家事就好好去做。我以前總怕媳婦不做事，所以處處挑剔，眼睛裡有火氣；現在我能做的就多做，也做了好身教，心理不再不平衡，家裡也就和諧多了。」

「你怕不怕把媳婦寵壞？」我問她。

「照你的學習計畫做，媳婦反而更能幹。」她肯定的回答。

輔導與洽商的大部分工作，就是在學習調適；沒有學習計畫的諮商不容易給當事人新的適應工具和能力，那是不會成功的。

知識的有效期限

當一個人的學習停頓，或者增加的新知有限，原來所學知識又不足以應付變遷快速的社會時，他就無法適應，連生存都受到威脅，其挫敗、無奈和自卑，令他不快樂，情緒便發生困擾，甚至造成心理失衡與創傷。

這種現象在社會變遷快速、人際生活複雜、生產方式和經濟生活快速變化的時代，感受到挫折和沮喪的人，會漸漸增加。依觀察發現，這種現象不止發生在台灣，多數經濟發展快速的國家，幾乎都有相同的遭遇。在公元兩千年左右，生產方式改變尤其快速，傳統產業漸漸被新的產製過程淘汰，失業問題已然成為現代人的新威脅。

失業緣於個人或一個群體失去了競爭力。它的關鍵在於他或他們缺乏學習應付新變化的能力。知識和商品沒有什麼不同，一樣有其有效期限。如果一個人對所儲存的知識，很久未加再造，或者在使用上未做新的試用，他的知識就會失去應用價值。如果應用知識的人，未能在生活與工作中，累積新的知識和經驗，他的認知和學習能力也會衰退。

認知的衰退，加上既存知識的有效期限已過，無論在工作、投資理財、人際互動、價值判斷和情感生活上，都會發生問題。我們必須認清，生活是一個整體，心靈生活的每一個部分都相互連動，具有結構性。有一個部分發生失調，例如失業的挫折，會牽動理財、人際、情緒及價值判斷的失調。而學習新的應變，已經成為個體或一個群體必要的復甦過程。

在二十世紀的九〇年代，一般對知識半衰期的估計是工程方面平均為五年，社會科學為十年，人文科學為十五年。但到了二十一世紀一開始，專家們的說法是工程方面知識半衰期為二年，社會科學為五年，人文科學只剩下八至十年。知識的半衰期只會越來越縮短，因此保持良好的主動學習習慣，是適應現代社會生活的保證。

學習是個人心靈生活健康的來源，它能促進個人認知結構的改變，產生嶄新的知識和解決問題的能力。這使一個人在工作、健康、社會活動和情緒生活上，保持良好的效能。

在最近的二十年中，夫妻雙就業的趨勢已經打破了原有的家庭生活狀態。我觀察有些家庭，他們學會安排生活，相互妥協和尊重，在教育子女方面互相接替扶持。他們的職業生涯蒸蒸日上，子女也成長得很好。但我也觀察到一部分的家庭，抱守著男性中心的觀念，婚後請太太把工作辭掉，因為他們認為這樣丈夫才是有骨氣的男人，太太在家照顧孩子才是好母親。不幸的是，他們沒有學習怎麼當有效能的父母，還是沿用過去父母傳遞的教育和生活方式。結果，家庭功能不足以應付新社會的需要，孩子出現適應上的困難，太太的心理健康、特別是自尊的挫折，帶來更多的憂鬱和沮喪。

人的心智發展，隨著生活的環境和遭遇，不斷地認知、學習和孕育新的知識工具。我們用現有的知識去試探新的問題，現有的認知結構就會改變，從而預測可能解決問題的方法，這個過程叫做順化（accommodation），經過印證新方法的正確性，問題也得到解決，而獲致成功的經驗，這個過程使個體吸收新的經驗，我們把它稱為同化（assimilation）。學習就在不斷的順化與同化中進行。

要改變現有的認知結構，不斷進行順化和同化，才會有能力去適應無常的變化。就在這個過程中，新知和新的適應不斷出現，人的適應能力就在這悟性中表現增長。鼓勵和教導個人主動學習，願意打破現有的情染和固執，發展出新的知識與工具，是維持生活適應和心理健康的關鍵。

人在生活與工作中，得到成功的生活經驗，信心較好，樂觀的指標提高，主動學習的可能性也增加。當然，他所保有的念或知識，一直都是新的、有效的、合用的。因此產生一種正性循環，他們的自尊也跟著健康起來。心靈與精神的成長將無止境的發展下去，我們所謂的光明和佛性就在這兒看到。

正念的成長條件

透過學習，個人的新知或念不斷發展，將給個體帶來更多幸福感和成長的機會。於是，我們不禁要問，這種認知和知識結構的改造工作，需要什麼條件才能發展出積極的學習態度呢？歸納起來看：

- 學習的習慣是從別人那兒學來的，多交主動學習的朋友，他們就是所謂的良師。
- 一起學習比單獨一個人學習的效率要好得多，學習和研究都需要伙伴。
- 經常被嘲笑和批評，缺乏成功學習經驗的人，往往不能主動學習；因此，欣賞學生的優點，讚美其值得肯定之處，能引發信心和主動學習。
- 從同儕中學到的遠比從教師那兒習來的多；經由主動思考領會的東西，要比傳授得來的東西更有深度和實用價值。

- 實用的知識，從書本中得來的只佔10%，從聽聞中得來的佔15%，從實際生活與工作經驗中領會的佔75%。所以要重視做中學。
- 動機越強，學習的效果越好，練習的時間短而密集，比長而疏遠效果好。

此外，人的自我功能（ego functioning）是學習的重要因素。自我功能強，面對眼前的新挑戰，就容易想出好的點子去回應新的情境。一般而言，好的自我功能由三個因素構成。其一是解決問題的能力；其二是良好的情緒習慣；其三是毅力。解決問題的能力是歷練出來的，因此，多參與，多磨練；在不同的領域多琢磨，則解決問題的能力自然增加。它促使個人有信心和動機去學習新的能力，做新的嘗試，而使一個人樂於學習。

其次，主動的學習者，必須有好的情緒；長期被負面情緒困擾的人不但無心學習，即使勉強學習，效率也不好，他們所擁有的新知和觀念，也就越來越少。情緒影響一個成人在生活與工作中學習的效率；對於在學校的青少年，影響更為明顯。學生們的情緒一旦有了困擾，其學業成績很快就變得低落。有些父母親不懂得這個現象，經常責備孩子的不是，鮮少欣賞孩子的優點，結果日積月累，孩子的情緒低落，學習的成績自然不佳。

從另一個角度看，孩子不是一個被造物，青少年是有主動性的，如果他能調整自己的行為，減少師長及同儕對他做負面的批評，也就能回復好的情緒，保持良好的學習效果。青少年透過師長的協助，在情緒上做必要的調適，也是增進其學習效能的有效方法。

知識和觀念的取得，與健康的情緒有密切的關連。

其三是堅毅的學習態度。學習不是一件容易的事，它需要長期累積知識和經驗，才能成為主動的學習者。因此，堅毅度高的人，能堅持學下去，他們有信心學會它，而且把學習當作一種挑戰。這樣的人，觀念日新又新，在生活與工作上，自有一番好的見解，而能把事情做好。

人生所面對的是不斷的挑戰、層出不窮的難題，你必須用新知和觀念來克服它。每一個難題都是一個別境，不一樣的遭遇，就需要不同的知識、觀念和創意來回應。

5

穩定堅毅的心力

個體因為安定穩定的心，而有專注思考和安定的情緒，對於個人情感的發展以及學習、認知和心智成長，有了決定性的作用。

每一個生命都必須維持他的穩定性，走他自己的路，克服所遭遇的困難。他不可以跟著別人起伏，不可以情緒不穩，更不可以朝三暮四，而沒有個明確的方向，因此安定和堅毅就顯得格外重要。

唯識心理學把穩定堅毅的心力稱做定。定是指個人在面對種種衝擊、引誘、逆境或挑戰時，心仍能專注不散亂，從而開展智慧的功能。因此，定能使心力專注不散；心想要專注在什麼事上，就能致力其上。《唯識論》上說：

> 云何為定？
> 於所觀境，令心專注，
> 不散為性，智依為業。

個體因為安定穩定的心，而有專注思考和安定的情緒，對於個人情感的發展以及學習、認知和心智成長，有了決定性的作用。

安定的心對個人生涯的發展影響殊大。密祺爾（Walter Michel）曾對幼稚園中四歲的幼兒，做過有趣的實驗。他先讓老師和幼兒熟悉起來，要孩子排排坐吃糖果，每個人發給他們兩顆糖。這時，老師對他們做詳細的解釋，說老師有事情要離開教室，孩子們要等老師回來後，才可以吃糖果。不過，如果真的等不及，實在很想吃，那只能吃一個，不能吃兩顆糖果。只有等到老師回到教室的孩子，才可以吃兩顆糖果。接著，老師離去，孩子們開始等待，並將這些幼兒的反應全程錄影。他們發現，有些孩子很快就吃掉一顆糖果，有些孩子則堅持等到老師回來，要吃到兩顆糖果。

經過長期的追蹤，直到他們高中畢業，那些能堅持到最後吃兩個糖果的孩子成績表現較好，社會適應佳，能面對挫折，在壓力下不會輕易退卻和崩潰。

沉穩安定的人，不但情緒控制較好，其肯定性亦較高。他們較能明白清楚地表達自己的意見，不會猶豫不決、壓抑自己的意見。他們對自己的權益能勇於提出應有的主張，表達時無論在語言、表情和傳達方式上，都比較穩重，而不流於退卻或衝動。

肯定性高的人，對事情的看法較切實際，態度持平，意見表達清楚，但不會採取侵略性的手段，既不傷害別人，也不會放棄本意。他能堅持原則，接納自己，亦能尊重別人。

肯定性差的人，在某種情境下，他們會壓抑真實的情感，也會隱藏自己不快的感受，任由他人擺布，不能勇於堅持原有的目標。相對的，侵略性強的人，他們犧牲別人來成就自己，表達情緒化，對他人有強烈支配性，而不能了解事情的真正價值。

唯識論所謂的定，是指自己不被外境所牽，內心維持不散亂的穩定狀態。定不但能維持理性思考、專注的覺察，同時也是情緒穩定的條件。要保持一個人的定力，並非什麼都不想，也不是拒絕涉入生活中的種種努力，更不是逃避現實的挑戰，真正重要的關鍵有三，其一是發展健康的自尊；這要透過個人的歷練和成功的經驗，把自我功能建立起來，才不會憂心、怕失敗和自卑。其二要學習安定的技巧：透過禪坐和心的修煉，從靜態的修定，漸漸純熟後，在動態的生活和工作中，也能維持定力。其三，定本身就是慧；神會和尚所謂「即定之時是慧體，即慧之時是定用。」定本身就是慧的根源。三者之中有關健康的自尊部分，留待下一篇再解釋，餘分別說明如下。

從放鬆做起

放鬆身心能讓我們感到寧靜安定。當你放鬆心情，也讓肌肉感受鬆弛時，身體的耗氧量減少，心跳開始緩和下來，血壓也跟著下降；接著皮膚電阻增加，血液裡的乳酸鹽下降，代表你的緊張和焦慮隨著緩解。每天都練習放鬆技巧的人，顯然比較不會焦慮緊張，表現得較為樂觀、快樂、自信、有活力。在忙碌的現代社會中，這是屬於能抵抗壓力、而且生產力也較好的人。

為了達到放鬆的效果，運動和散步是可行的方法。在忙碌一天之後，如果你能依自己的體能，做些適合的運動，包括球類、游泳、慢跑或散步，容易把一天的工作壓力放鬆下來，對於睡眠也有很大的幫助。尤其慢跑除了減輕緊張焦慮之外，也能增加信心。有很多的研究者都肯定運動的效能，歸納起來包括：

- 有助於精神集中和清醒，能促使學習與創造力的發展。
- 使心靈感到悠閒、寧靜和歡喜。
- 它能緩解憂愁和沮喪。
- 在慢跑中，你能忘懷一切，消除焦慮。

跑步一定要保持輕鬆的心情，選擇一個能讓你安定、悠閒的環境。先暖身，慢慢跑，邊跑邊聽著自己的呼吸。你可以在吸氣的過程中跑五步或六步，吐氣的過程中也跑五步或六步。隨著呼吸漸急，依序調整為四步、三步，最後是兩步。聽著呼吸，專注於你的腳步，放鬆身體，保持帶動小腹呼吸，並以悠閒喜悅的心情跑，不久就會進入定境，達到忘我。

當然，你是否適合跑步，要先請教醫生。當你跑起來覺得不適或疼痛時，就要停止。做任何運動都要依自己身體的狀況做調整。

有些青少年為了學校的功課或考試壓力，感到焦慮和緊張，甚至衍生出身心的不適症狀，如疼痛、睡眠失調等等，若能指導他們做適當的運動，則可以得到良好的恢復效果，保持心理的安定和平靜。

練習靜坐

練習靜坐能產生身心放鬆和安定的效應。班森（Herbert Benson）指出，靜坐時的放鬆能保護自己免受過度緊張的傷害。靜坐是透過安祥、平靜和鬆弛，令自己處於清醒安定和無思的狀態，漸漸進入定境。定境是清醒自在的，而不是恍惚昏沉的狀態。

你安適放鬆地坐著，讓自己陪著自己，不必特別去操弄什麼，仔細聽你的呼吸。如果你有念頭浮起，就清楚的讓它出現，只要你覺察它，不要被意識之流捲走就行。你不必特別去壓抑念頭，出現念頭就讓它清楚的流逝。就這麼簡單。基本的坐法叫七支坐法；那就是盤腿、豎脊、結手印、鬆肩和修（收）眼根、舌根和鼻根。詳細步驟請參看《覺・教導的智慧》（遠流出版）。

你只要找一個寧靜的地方，不受打擾，安適坐好，當然不可彎腰駝背，然後閉上眼睛或自然地瞇著，放鬆肌肉，正常的呼吸並聽著它進出的聲音，保持不要昏睡和分心，十至二十分鐘後，你就會進入「定前的安寧」。它清醒、無思、平靜，對人的心靈生活極有幫助，再接續下去，就會感受到清醒、忘我和喜樂的定境。

許多研究指出，每天靜坐一次，能減緩神經衰弱、壓抑、過於敏感、支配與侵略性、神經質等等，相對的也能增加個人的自信、社交活力和自我信賴。

從唯識心理學來看，禪定不是只有坐著一種方法。他們指出，行動走路之中可以保持安定，坐下來做事或開會時可以保持安定，睡眠時一樣可以保持安定。所謂「行住坐臥都是禪」。你不妨試試看，先找一個安靜的地方，或走或慢跑，專注地呼吸，讓自己保持清醒的覺察，但不要分心和想別的事。不一會兒，你就可以安寧下來，那是一種動中靜。

你可以在公園裡輕鬆、專注地漫步，對每個動作、走路的肌肉連動和平衡的覺察，不一會兒，你可以靜靜地看看周邊的景物，將會發現你的定心，令你清醒地感受到樹枝優雅或蒼勁之美，領受到悅耳的鳥鳴。

當你在辦公室工作時，讓自己保持輕鬆、愉悅和安定，甚至把靜坐時的定、專注和清醒，遷移到當下來，你的工作會更有效率。我在寫作時經常保持這種心境，故能心神集中，輕鬆地完成作品。一種沒有任何勉強的態度，令我在教學、演講和旅行中流露出來。

睡眠是一件喜樂的事。失眠的人怕睡不著，最主要的原因是他帶著焦慮和緊張上床，光是擔心不能入睡就是一大緊張焦慮。你可以在睡前放鬆自己，靜坐一會兒，接著上床躺好，開始做全身鬆弛，然後聽著輕柔勻稱的呼吸聲，專注的聽它，想著一種休息的幸福感。不要刻意想著入睡，只要躺著，領受安適鬆弛就好了。這真是美妙無比的事。

鬆弛技巧

練習肌肉鬆弛技術，對於保持體力、專注和覺察力，頗有效果。你可以在休息時間、旅途中、睡眠前或午休時刻，做肌肉鬆弛技術。它能讓你輕鬆，消除疲勞，保持精神力。此外，做肌肉鬆弛的練習，也能消除壓力，緩解因緊張所引起的疼痛。

肌肉鬆弛技術的基本理論是：當個體的心理受到壓力時，肌肉隨之緊張起來，從而造成身心的不適，結果又回過來增加心理壓力，造成惡性循環。心理壓力和肌肉緊張兩者是互動的關係。如果個體在緊張時，能放鬆他的肌肉，就能減緩其緊張和心理壓力。

練習肌肉鬆弛技術，必先清楚地分辨肌肉緊張和放鬆的不同感受。現在你可以讓自己半蹲三十秒，摸摸你的大腿肌肉，它是繃緊的，接著覺得酸、不舒服和疲勞的感覺，這就是肌肉緊張。再來，你找一張椅子坐下，你的腿肌鬆軟下來，覺得舒服暢順，緊繃的感覺得到緩解，這就是放鬆。

這時個人的記憶裡，已經有了鬆弛和緊張的兩種感覺，只要透過回想，就能在記憶中喚起鬆弛或緊繃的感受。現在你可以找一個安靜的地方，或者只要你覺得可以接受，在乘坐飛機、火車或巴士時也可以。找一張椅子坐下來，靠在椅背上，或者仰臥在躺椅上，跟著以下的引導做：

現在請你坐好或躺好，放鬆心情，調好姿勢到你覺得舒適。回憶你過去鬆弛的記憶，把它遷移到你的腳趾，用想像感受輕鬆，從腳趾放鬆起，要覺得每一條肌肉纖維都放鬆，血液流暢，而有暖暖、酥軟的感覺。接著是腳掌、腳踝，好好放鬆它，用心意暗示使它完全放鬆。接著把小腿放鬆、把膝蓋放鬆、把大腿放鬆、把髖骨放鬆、把臀部放鬆。現在你的下肢完全放鬆，整體感受沉重和溫暖。

接著把小腹放鬆、腰部放鬆、腹部放鬆、背肌放鬆、胸肌放鬆、肩部放鬆。你的身體及下肢也有了溫暖和沉重的感受。然後繼續把手臂、手腕、手肘、手掌和手指一起放鬆。現在，你要深呼吸，感受到吸進來的是清淨新鮮的空氣，吐出去的是積鬱在體內的惡濁空氣。你要像在森林浴一樣，舒適地呼吸，感受到春陽一般的溫暖和慵懶。

接著把脖子放鬆、把舌頭放鬆、食道放鬆，胃腸放鬆，感受到溫暖和鬆弛。保持深呼吸，吸進來的是清涼的空氣，吐出去的是鬱積在內臟的濁氣。然後繼續把肺和支氣管放鬆，把心臟和血管放鬆，把肝臟、胰臟和腎臟都放鬆。保持深呼吸，像在森林浴一樣，吸進來的是清新的空氣，吐出去的是五臟六腑的濁氣。

現在把你的口腔放鬆，兩頰放鬆，鼻咽放鬆，耳朵、前額、頭顱、後腦勺均放鬆，把腦漿放鬆。你的頭部也放鬆了，現在全身都放鬆了。你覺得沉重和溫暖，把你的重力交給椅子，透過椅子交給地心引力。你完全沒有重量之感。請保持細長的深呼吸，吸進清涼的空氣，吐出鬱積在體內的廢氣。

你完全的鬆弛，全身輕鬆、沉重、溫暖，把重力交給地心引力，你完全的輕鬆。現在，你以心意暗示自己，把全身毛孔都舒展開來，你感受到毛孔也在呼吸，連同鼻孔、全身都在呼吸，吸進來的是清涼的空氣，吐出去的是積鬱的廢氣。現在你已完全輕鬆，你陶醉其中，享受鬆弛和清涼。

你可以輕鬆的小睡，也可以慵懶地享受一會兒。在睡前做肌肉鬆弛技術，令人很快就輕鬆入睡。這是一套很有效的放鬆身心的方法。

我實踐這種放鬆法多年，其妙無窮，你不妨試試，很快就可以從中感受到安定。個中三昧，如人飲水，冷暖自知。此外，在靜坐前，做一次肌肉鬆弛技術，對於進入定境，領受個中的喜樂，妙用殊多。舟車勞頓，忙中抽空，做個肌肉鬆弛術，每每能消除疲勞，養精蓄銳。

定的培養能帶來良好的心力，用以完成艱困的工作，同時能引發人享受幸福和自在之感。在思考和創造力的發展上，定是基本的要件。

6 智慧與彈性思考

創造源自純淨的智慧，它是由內在的自己所發生的省悟和覺察。有創造力，才不會食古不化；使用智慧，才能每一件事都處理得篤當妥適。

時代不同，潮流不一樣，個人的遭遇又各異，面對這樣的別境，就不是抄襲別人，或者遵循舊規所能解決，於是，每個人每天都需要智慧，去面對自己生活的情境。

智慧可分成兩個部分，其一是創造，它是推陳出新，是用智能來創造某些事物。其二是開悟，它是透過深沉的智慧，能圓融地把自己調適得恰到好處，而符合真、善、美、聖的規準。前者傾向於生產力的創造，後者傾向於生活和生命的覺察和領悟。這兩者都是生活所必須的，有了它，我們才生活得好。

創造源自純淨的智慧，它由內在的自己（inner self）所發生的省悟和覺察。有創造力，我們才不會食古不化；使用智慧，我們才能每一件事都處理得篤當妥適。我們教孩子做一個好人，但他不能成為道德強迫症的孩子。教孩子讀書的重要，但不是使他成為書癡。希望孩子無貪，但不是要他連生產的積極性都壓抑下去。當然，我們希望孩子信仰宗教，對於生命的意義和終極究竟有所領會，但不是希望他因為信仰而造成知性的萎縮。

就拿道德強迫症患者而言，這樣的人無論做什麼事總想著道德的問題，他處處怕違反道德，怕被神譴責，於是陷入自責、內疚和無盡的追悔，導致嚴重的不安和精神困擾。道德律的權威性內在化成為邪惡的權威，不停地指責個人的生活行動，不久這個人就會因焦慮而陷於崩潰。

一位從小被虐待的女士，結婚之後一直陷入不安。她多麼想盡一點孝心，但每一次行動都被母親責備，認為她沒有盡心，她不孝順。她每天譴責自己，焦慮和不安，害怕自己會下地獄。她跪下來求母親饒恕，但母親仍然拒絕。於是她不停地用不道德的懼怕來懲罰自己。對於這樣的人，她最需要的就是從刻板的孝順觀念中解套。她要試著去了解別人的孝順是怎麼做的，從團體諮商中，得到別人的訊息來增加其對道德的彈性思考。

固化是指一個人完全接受某些規範，而失去彈性思考的能力。固化作用使人陷入唯一答案的窘境。一個年輕人沒有考上大學，他選擇了自殺。他的思考陷入不成則敗、不成功便成仁的固化思考。他覺得沒有考取是很丟臉的事，因而陷入往後沒有前途的無奈和沮喪之中，以致活不下去，做了錯誤的選擇。其實，沒有考上大學並非沒有別的路可走，他可以選擇補習一年，可以選擇邊打工邊讀空中大學，或者接受職業訓練，當一位上班族。固化作用是創造和領悟的剋星。

在經濟不景氣的時代，被裁員而失業，是許多人遭遇到的不幸。這些人的反應各不相同，有些人想著找原來能做的工作，有些人則乾脆去學習新的技能，進行轉業。一件事情有多種回應之道，智慧帶給我們彈性思考。能彈性思考的人不但容易有好的生涯發展，其心理健康亦佳。

智慧來自安定，但它要發展成創意和新的領悟，必須經過一段時間的努力。人務必要努力學習現有基本的東西，透過彈性思考，在安定的心境中，才會領悟新的點子。所有的發明家，有創意的企業家、工程師和佈道家，都非常的努力，不斷從生活與工作中學習，在文獻和資訊中深思，然後才有全新的領悟。

努力過後的悠閒，是智慧發揮創意、綻放光芒的時候。但那些心理世界被懼怕、拘謹和焦慮不安所充斥的人，就因為失去這份悠閒與自在，而失去創造和領悟。

於是，在學習與成長過程中，個人如果遭受太多挫敗、批評和鄙視，長期在被動、灌輸、記憶和嚴格管教中強制學習的孩子，他們就會因為缺乏自信、悠閒和彈性思考的練習，而壓抑了智慧和創意。

努力後的悠閒，是創造力活潑的時候。自信所表現出來的自尊，則是把創意的點子推向驗證和實現的力量。

每個人都是一個別境，任何一個遭遇也是別境，我們因為完成一個別境，才覺得生活充實，因為累積一連串的別境，才使生命有意義、有光采。

要完成一個有意義、有價值的生命或生活，避免陷於空虛、迷失或頹廢，那就必須振作起來，從欲、勝解、念、定、慧五個方面去實踐。作為一個諮商工作者，也必須抓住這五個因素，去協助個案，讓他振作起來，走出健康和光明的人生。

生命本身所實現出來的精神力，才是價值和意義所在。實現的價值並非在於財富或成就，而是在於他的精神力。只有把價值建立在精神力的人，才會有健康和幸福。功成名就的人固然有其快樂，但他的精神是否健康幸福，則未可知。

把實現放在精神力的培養的人大抵會成功，但有時造化弄人，還是免不了經歷失敗。不過這些實現者，卻能在他們的生活中顯得神采奕奕。我看過一位老太太，她的遭遇是不幸的，年少守寡，三個孩子都在她辛苦工作中帶大，完成大學教育。她很安祥滿足地站在佛殿前禮佛，微啟雙唇，似乎在說什麼。事後，我好奇地問她：

「你向佛陀祈求些什麼？」

「我在告訴祂，我已很努力照祂的教誡，實現了生命的光采。」

「你希望祂給你獎勵？」

「不是，我希望祂高興地與我分享那份榮耀。」

我感動地了解到，生命的實現和生活的實踐，其核心價值不是得到物質和成功，而是精神成長所綻放的光和熱。對於這位老太太，我由衷的敬佩和讚嘆。

人生各不相同，每個人都是唯一的、獨特的，必須個別去完成其人生意義，實現他的價值。因此，人注定要依自己的興趣、能力和因緣，走出自己的人生路。你之所以為你是好的，我之所以為我也是好的。我們各自去實現自己的人生，而不是彼此比較，這才會健康快樂，所以佛法說「眾生平等」。唯識心理學指出一條路徑：結合欲、勝解、念、定、慧五個因素，去實現成功的人生。

肆 精神的成長

善法與煩惱對治法的運用

有成長才有希望和幸福，
精神成長需要資糧，
善法即是；
克服煩惱需要藥方，
轉識成智即是。
你不是想活得充實快樂嗎？
這兩味仙丹，
值得你千珍萬惜。

1 精神成長的動力

捨去舊的知識，捨去原有的壞習慣，捨去過去的煩惱和不安，就能清醒地活在當下，有能力去處理現實的挑戰，保持生活的平衡。

生活的關鍵在於透過轉識成智，達到精神的成長。我們希望從有障礙的業識中，經過觀念的轉變，行動的調整，讓個人的適應能力得到提升，精神生活得以成長。唯識心理學是生活調適的方法，是指引個人覺悟其障礙，以改變自己，發揮心智潛能，過幸福生活的法門。

然而，觀察大部分現代人，都過著紛繁緊張或焦慮沮喪的生活，所不同的是受折磨的程度而已。為了幫助現代人解除這些痛苦，就必須進一步討論，精神成長的動力是什麼？精神墮落的因素是什麼？依我的觀察，唯識論中所謂善心所，就是心智和精神成長的動力。所謂煩惱的心所，即是煩惱的因素與超越的方法。

我們只要把握善心所，運用它來修持，就會帶給自己成長和幸福。相對地，若能看清造成困擾的因子，從中設法解套，心靈上的困擾就得到紓解。因此，在這一章中，同時將善心所與煩惱心所一併解析。生命的價值和生活的幸福，決定於精神成長的水準。成長得越成熟，生活越充實、健康和穩定；越是不成熟，就越表現出困擾和煩惱。

人用其精神力來回應生活，從而創造生命的價值和意義。人用其精神力來創造生活，回應其挑戰；相對的也從成功的經驗中，使精神不斷成長。

唯識心理學把精神成長稱為善，將促進精神成長的方法稱為善法或善心所，總共有十一個。《唯識三十頌》說：

善謂信慚愧，
無貪等三根；
勤安不放逸，
行捨及不害。

這十一個善心所可以豐富精神生活，並促進精神生活的成長，茲闡釋如次：

1. 「信」是指相信善行是精神生活的資糧，要對人生抱著基本信念，那就是對悲智雙運的信奉與實踐。信心和信仰是精神成長的基礎，能長養一切諸善法。

2. 「慚」是自我反省的能力，透過內省而止惡行善。內省是一種自發的行為和反省能力；它能使人自愛、認分，孜孜不倦的學習和成長。

3. 「愧」是透過他力或外界回饋的方式，檢討及校正自己的行為，而獲得心智成長。

4. 「無貪」是指能營生而不陷入貪婪。貪婪是一種心理上的匱乏和饑餓感，會造成無盡的貪求、不知足和工作狂。無貪就能使一個人知足常樂，過積極的人生。

5. 「無瞋」是在受苦挫折之中不起憤怒。瞋能使人失去理性，破壞正確的思考和回應能力，故無瞋是發展善行的途徑。

6. 「無癡」是明理通達；明白事理要有廣博的知識和判斷能力做基礎。

7. 「精進」是人生的積極態度，不畏懼和猶疑，能不斷學習與成長，克服困難，忍受痛苦，實現其人生。

8.「輕安」是身心輕鬆愉快，能保持好心境，就有好的心情和創意，是心理健康的根本。

9.「不放逸」是不放縱自己。縱情恣意，缺乏自治或自我控制的能力，就會陷入精神生活的潰敗。從心理諮商的觀點來看，心理疾病通常是缺乏生活紀律，無法有效處理生活事件所引起。

10.「行捨」是平衡的意思。透過平衡才能正確回應生活的需要和挑戰。捨能維持心理平衡，透過捨去舊的知識才能學習新知，以適應新需要；透過捨去執著，才會有清明的觀察；透過捨去舊的習慣才能建立新的、有效的生活習慣。

11.「不害」是愛與慈悲，是互助與服務；「於諸有情不為損惱」，從利樂有情中實踐自我的延伸，而打破我的執著。

以上所列十一個善心所，是幸福人生所必備的因素，同時也是豐富生命、促進精神成長的要素。現在將它分類，就可以看出三個豐富人生的線索：

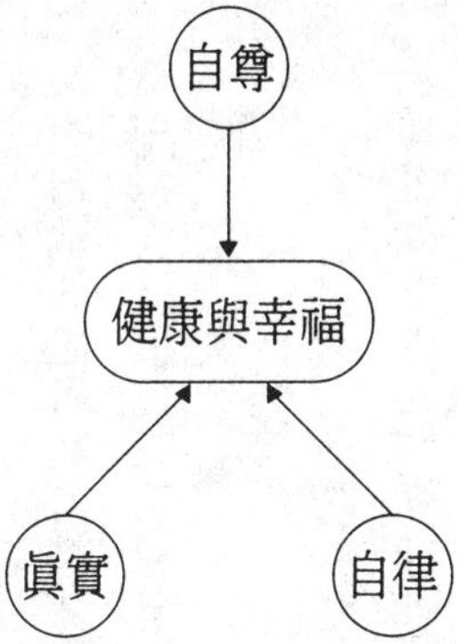

● 發展自尊：從信、慚、愧三個法門著手，建立正確的信仰和自尊，並從反省思考和探討中訓練理性能力。

● 面對真實：實踐無貪、無瞋、無癡三個法要，透過真實、冷靜和明白事理，去認清和承擔生活的現實。

● 學習自律：遵行精進、輕安、不放逸、行捨及不害五個基本紀律，從而建立健全的自律系統，以維持身心平衡。

這三個線索無異是發展自我功能的最佳途徑。一個人若能在這三方面有良好的發展，他的人生就會健康和幸福。參見圖示如上。

自尊

自尊心是心理健康的主軸，也是活得充實有信心的基礎。研究自尊極有成就的心理學家布蘭登（Nathaniel Branden）把自尊心定義為：

- 對自己的思考能力及迎向生活基本挑戰的信心。
- 認為自己享有成功及快樂的權利；感到自身的價值，達成並享受努力的成果。

自尊健康的人在面對挑戰時，較懂得堅持；自尊不健康的人則容易放棄。健康的自尊與理性、實際、直覺、創造、獨立、彈性、應變、勇於認錯、仁慈與合作有關。不健康的自尊，則與非理性、不切實際、頑固、對新事物的恐懼、不當的順從或反抗、過於埋怨、霸道及對人的恐懼與敵意有關。自尊越健康越能待人以尊重、仁慈、善意及公正。高度的自尊是快樂的表現；反之，則鬱鬱寡歡。自尊健康的人自愛愛人，自尊低的人則以非理性和恨過日子。自尊是心理健康的重要課題。

怎麼才能培養健康的自尊呢？個體在成長過程當中，有較多嘗試和主動學習的機會，並得到成功的經驗，通常自尊都比較健康。許多研究指出，多引導孩子參與做家事，讓孩子協助父母做些能力範圍的工作，不止使孩子的自信較好，他們的人際關係、心理健康的成就都表現傑出。

許多孩子在成長過程中，家裡疏忽給他應有的教導和生活歷練，結果待人接物的基本能力差，人際挫折大，造成生活上的困擾，從而引發自卑、孤立和敵意，情緒上也顯得不穩定。隨著年齡增長，受挫及衝突增加，就容易形成一個不好的自我觀念，而自暴自棄。偏差行為的孩子，大部分都有個不健康的自尊。

自尊不健康的孩子敵意強，壓抑自己的感受，但都有侵略性的行為。父母很少管教孩子，每逢星期假日都在打牌，孩子就被冷落。孩子不愁吃，不愁穿，但卻缺乏父母的愛和陪伴，沒有機會學習應有的待人接物之道。於是在學校裡，與同學相處困難，一雙孤立無助的眼神，正透露著他的無奈。

對於這樣的孩子，我認為要積極提升其自我功能。教師和輔導工作者，要找機會指導他學習處理問題的能力，從而建立信心和自尊。其次是教他與人相處的技巧，從而增加被接受和支持的感覺。尤其在情緒表達上，必須由老師來補足它的親情匱乏，只要認輔的老師能給他一些關心，孩子的人際和情緒就會有正向的發展。

父母和師長容易在孩子做錯事時，嚴詞責備或抨擊，疏忽欣賞其優點，這會傷害其自尊。學校教師和輔導工作者，對於自尊不健康的孩子，要有惻隱之心，以慧眼去看孩子，找出值得欣賞的少數行為，加以肯定，讓孩子的自尊漸漸健康起來。

經常被羞辱的兒童，長大後還是保存了不健康的自尊。一位婦人長期受沮喪情緒折磨，她總覺得自己不好，見不得人，無奈和絕望。她有很好的專業能力，但總是樂觀不起來。即使得到成功的經驗，別人真心的讚美，她還是認為別人是客套的。她自認為「自己永遠是那麼爛」。

人的自尊是從小的時候漸漸累積別人對自己正面的看法，和自己積極的評價所形成的。就自尊而言，教育遠比輔導和諮商重要。所以建議父母與教師，多給孩子一些心靈生活的積極資糧：

- 自信心：要給孩子成功的機會，找出值得欣賞與支持的表現，予以肯定。
- 樂觀：請你保持樂觀的態度，給孩子健康的身教。
- 學習主動性：要給孩子做些主動學習的示範和嘗試。
- 教導他們為自己的幸福努力。

就唯識心理學的觀點看，自尊是從信心、信仰和互信中培養起來的。其次是懂得自我反省，對自己的優點能自我鼓勵，對於缺點則勇於改正，這就是慚。其三是與朋友互相砥礪，以社會規範做檢討，當與社會、同儕較少發生衝突時，自尊比較容易維持。

真實

在生命的歷程中，面對真實比什麼都重要。

人想要生活得好，免於錯誤和迷失的痛苦，就必須忠於真實。明智的決定源自於認清事實；良好的生活適應，更是面對真實所做回應的結果。

心理學家葛拉塞（William Glasser）曾說：「我們對世界的真實現象看得愈清楚，就愈能好好地應付這世界；看得愈不清楚，就愈無法做出正確的行動。」

我們常常抱著既有的成見去看生活，執著於自己的野心或貪婪去看世事，被成見、偏見蒙著眼睛看人生。於是，我們走錯了方向，陷入迷失和痛苦之中。

就心理層面而言，我們有時會懼怕面對現實，所以找了許多理由來曲解現實，為的是逃避它的挑戰。結果不但不能面對現實，反而造成挫敗，甚至連自己的心智系統也被扭曲，造成異常。人類心靈生活的災難源於此，心理上的困擾和疾病亦肇端於此。

我們用兩種方法來逃避責任，規避現實，給自己找下台階，卻弄得迷失、挫敗和心智退化：

- 用自己主觀的想法，一廂情願地相信它對，而不顧真實是什麼。結果不但沒有解決問題，反而被問題給解決了，失敗是自然的結果。
- 故意曲解問題，然後針對曲解後的現象做回應，當然難逃失敗。

現代人的欲望受到現實資訊的過度刺激，導致大家汲汲於爭奪、佔有和追求成長率。疲於奔命的結果，情緒浮躁易怒，甚至衝過了頭，而變得愚昧荒誕。生活的失真，是現代人苦惱的根源，也是心理健康受到創傷的主要因素。

從唯識心理學的觀點來看，最嚴重的生活失真是貪、瞋、癡三種心態：

- 貪婪：是指所訂的目標高過他的能力，所要佔有的東西遠遠超過需要，從而陷入一種心靈的饑餓狀態，這種人將會陷入無盡的心理匱乏和掙扎。
- 瞋怒：當一個人受到挫折時，應該是把原因弄清楚，設法解決它。但對於瞋怒的人，卻以怒來代替解決問題，不但原有的問題得不到解決，反而又衍生了新的問題。
- 愚癡：執著於自我的主觀，忽略明察事實，往往為圖虛名而做了錯誤的決定，為固執成見而不願學習新知，為縱容情欲而疏於覺察真實。

人很容易在不自覺中，陷入失真的錯誤。於是，諮商工作者總是不厭其煩地提醒當事人：

「你真正的問題在哪兒？」

「你要的是什麼？」

「現在你在做什麼？這能得到你要的嗎？對嗎？」

「那麼請列出你該做什麼？怎麼做？」

唯識心理學把面對現實稱為「如來」，我們越能面對真實，明白生活的目的不是佔有，而是生活得幸福；越能弄清腦子裡想的不是虛妄，保持凡事皆分明，就不會被虛妄綁架，不會被引誘所困，更不會被錯誤的判斷所縛。

就拿個人的生涯規劃為例，人必須依自己的性向、興趣、能力和環境，踏實地走出自己的人生。然而，目前有許多青少年，甚至成年人，他們一味地追求流行，想要把自己變造成別人的模樣，反而否定了自己的特質，於是虛擬人格的困擾便開始襲擊他們，脫離現實，不能踏實的工作，而成為失落憂鬱的一群。

此外，資訊化社會的目的，是讓我們透過資訊，更能認清真實。但現代人長期生活在虛擬的影像中，卻誤以為它是現實。青少年迷失在網路上，用虛擬的自己，去跟別人虛擬的角色交往，在個中尋求認同、友誼或時尚，而與現實生活則格格不入，因此而成為現實生活的逃避者。

新一代的年輕人大部分是在電視、電影和網路中長大的。一場電影、一齣戲劇、卡通和天天接觸的電視節目都是資訊，甚至連學校所用的課本也不例外。這些視訊、光影和文字雖然傳遞了某些訊息，但它畢竟不是生活經驗，更不是謀生的現實，長期生活在其中，又缺乏實際謀生和工作的體驗，便會造成生活與現實漸次疏離。所謂虛擬人格就是這樣流行起來的。其特質是：

- 不能接受生活現實，缺乏耐性。
- 眼高手低，容易失敗，產生偏差行為。
- 情緒不穩，自制力差，容易發生衝突。
- 自尊健康狀況不理想。

虛擬人格特質的人數顯然有增加的趨勢。他們最大的危機是不肯負起責任；你看他們好像很悠閒，其實是無聊空虛。他們也為自己整天不知道要做什麼而感到痛苦。一位年輕人對我說：

「我需要一個工作，可以上班的工作。」

「你沒有試著去應徵嗎？」

「有的，只是沒有一樣工作是我喜歡的。」

「你喜歡什麼工作呢？」

「我要安定，不要太辛苦，是我喜歡的工作。」

所謂工作就是要努力付出代價，一定要辛苦的承擔某些責任和辛勞，但虛擬人格的人正好缺乏這種認識和體驗。這樣的人不是生病，而是生活經驗的貧乏。拯救的方法是鼓勵他們投入工作，增加生活經驗，透過友誼的支持，漸漸使其接近現實生活，減少依賴。

眼高手低，不願意承擔現實生活中的苦，是虛擬人格者的主要特質，它們都是在青少年以前，不當教育和生活所造成的。

自律

生活是一個艱辛複雜的歷程，缺乏自律就會走失。

現代人心靈生活最大的困境，是把「自由開放」的理念曲解成「為所欲為」

的放縱。放縱自己的情慾，以及撇下道德責任，使人變得脆弱，碰到挫折時顯得不堪一擊。

富裕的社會正是引誘最多的社會。人如果沒有一套自律的能力，將會迷失在諸多誘惑之中。頹廢和放逸是現代生活中的新瘟疫。它會導致憂鬱情緒，剝奪人工作和歡喜生活的功能，造成心靈生活的殘廢。克服這些引誘，防止頹廢與墮落，需要一套心理生活的紀律。

紀律是解決生命問題的工具，它維護我們的生活效能，保證生命不致瘋狂和墮落，它是佛陀所謂的戒律。運用有效的紀律，讓生活過得充實，生命變得有意義，就是自律的目的。

自律的能力，依心理發展階段來看，是在一至三歲之間就開始發展。孩子從練習控制大小便，到主動控制對周邊事物的試探。自律的行為雖然從小就開始發展，但隨著年齡增長，自律的能力就加強。孩子在主動嘗試和父母的指導之中，學會簡單的生活規範，漸漸習得人際互動中的自律，學會控制使用錢財、把握時間和控制自己的情緒及衝動等等。

依我的觀察，自律是由主動嘗試和正確的回顧中學習得來的。父母師長對孩子的自律行為，要及時予以肯定、欣賞或支持，自律的能力就會漸漸發展開來。

自律不是建立在父母師長對孩子的控制上，而必須是從主動嘗試中學習。主動嘗試不是放任孩子，而是透過身教和模仿，當孩子表現自律時，予以肯定和欣賞。自律不是建立在嚴格管教上，因為這種方法只會造成拘謹和無能。

一個不能自律的青少年，經常被父母師長批評、責罰，長此以往，主動性和信心開始瓦解，他們面對挑戰和應付環境的能力都會大大削減，心理健康也隨著受到影響。

自律好的人對於自己該做什麼、如何抉擇和安排，表現得主動和胸有成竹。他們能婉拒不合理的要求，抵抗不當的誘惑，知道用耐心和努力來完成眼前該做的要事。自律的人比較穩重、樂觀和明理。於是，他們有較好的心力去實現人生的抱負，拓展其生涯。

生活在自由開放的社會，人必須有好的自律，才能生活得好。自由的基礎就是自律，能自律，社會才走向開放。無論是社會發展或個人的適應，自律是現代人必須學習的生活態度和能力。唯識心理學認為，一個自律的人必須學習以下幾個自律習慣：

1.精進：積極主動的態度

人不能遇到困難就退卻，或者半途而廢，這不但會落致失敗，而且在心理上會造成脆弱，使自我功能受損。

精進的心理特質，是在六歲至十二歲之間打下基礎。兒童在這段時期，一方面對周遭的事物好奇，想探求其究竟，另一方面在大人的鼓勵下，會勤奮地學習，許多基礎的學習和興趣傾向，在這時候發生明朗化經驗。基本的生活能力和待人接物，也在父母的陪伴下，樂意學習。孩子的榮譽感非常明顯，他們勤奮、好奇，同時對自己的角色有了認同。最近的一項調查指出，兒童最喜悅的事是：與父母一邊談話一邊做事。

依心理學家艾瑞克森（Erik Erikson）的說法，兒童中期的核心任務是獲得勤奮感，如果做不到這一點，就會有不足感和自卑感。透過勤奮和積極，個人才有其意義和目標。勤奮的孩子樂於學習，比較樂觀，其毅力亦較好。

研究指出，兒童和青少年在父母親的帶領下，一起做家事，參與一些工作，長大之後不但積極勤奮，這些人的人際交往良好，謀得高薪的可能性比較大，失業的可能性則大大的減少。

從許多個案中發現，被過度寵愛的孩子不但不能幹，而且在日常生活中容易退卻，遇到困難時的堅毅度較差。這些人在長大之後，性情脆弱，比較容易逃避現實，尋求麻醉以及拈輕怕重。

因此，精進的特質必須在兒童和青少年階段打下基礎。事後的補救，總是要花上九牛二虎之力，有時還未必成功。

精進的習慣，對於一般成年人而言，是可以透過自勵的方式增強與培養。精進由幾個因素促成：

- 健康的身體和好的體力能令人振作；因此維持良好的生活習慣和飲食習慣是很重要的。
- 樂觀是精進的動力，樂觀的人比悲觀的人有活力和幹勁。
- 培養自己的長處，並與生涯的目標結合。
- 要養成腳踏實地和接受挑戰的習慣。

在帕德斯（Emrika Padus）等人所編的《情緒管理手冊》中指出，我們找出三種與堅毅有關的人格特質，那就是：

- 致力於自我的充實、工作、家庭和其他重要的價值。
- 對自己的人生有掌控感。
- 能夠把危機視為轉機，樂於接受挑戰。

精進的人比較能應付壓力，不至於在挫敗時變得心慌意亂，引發疾病。每一個人都可以積極精進起來，只要培養信心和能力，樂於接受挑戰，就可以積小勝為大勝，精進的性格特質就於焉培養起來。

2. 輕安：能保持輕鬆喜悅的心情

人若能保持輕鬆，心理就能平靜，思考和創意才能表現出來。在《唯識論》中說：「遠離麤重，調暢身心，堪任為性。」輕安的人比較不會緊張焦慮，能抵抗壓力，保持樂觀、快樂和自信，所以他們有較好的承擔和工作績效，其生活品質和健康狀況都比較好。要保持輕安，必須注意的是：

● 生活要簡樸，才能以簡馭繁，思考縝密。
● 保持輕鬆，培養悟性和覺察力；運動、靜坐和幽默有助於生活和工作。
● 防範被激情所困；當憤怒、悲觀、沮喪這類情緒來襲時，要保持冷靜，改變一下生活步調。

為保持輕鬆，要學習「當一個局外人」。每個人當然要努力工作，承擔應有的責任，實現自己的生涯目標。但同時要把握一個超然的態度，提醒自己為局外人。這是佛門修行中很重要的法門。修行者必須致力於菩薩的志業，努力為社會做事，貢獻自己的心力，但卻也了然於心，知道這好像在畫一幅畫，演一齣戲，雖然自己是戲中的角色，但也了了分明，那個「角色」不是真正的自己，真正的自己正在以超然物外的心，當一個局外人來看它。

懂得當局外人，生活才有輕鬆、幽默、安寧和自在。你用局外人的眼光，看看自己的遭遇和努力，會油然生起一念：我已實現了生命，這與成敗無關。

人只有透過輕安的心情，才會有平靜的心，才能領會生活中許多美妙的事。你可曾仔細看過綠樹青山有多美？可曾聆聽夏夜草蟲的鳴奏、清晨鳥兒的婉轉清歌？你可曾悠閒地用你的眼去看、耳去聽、鼻去嗅、舌去品嚐？保持一點悠閒輕安，紅葉將化作羽仙，地上的石頭將成為珠寶，人際的往來將充滿著愛與喜樂。

欲望不要太多，多了就會把自己壓垮。得失不可太重，重了就會痛苦疲憊。千萬不要太在意自己，在意會把你弄得心煩意亂。

3.不放逸：不放縱自己

縱情放逸建立不起良好的自我功能；放縱自己，好逸惡勞，使一個人迷於享樂，而疏於學習該具備的能力和謀生工具。

放逸久了，既缺乏工作能力，又失去自信和毅力；生活奢侈享樂，花用金錢多，需索孔急，無所顧忌。於是，不恥之圖逼他做出傷天害理的事，日復一日，理性漸漸萎縮，暴力與犯行使其現出野性。心理學家弗洛姆（Eric Fromm）所謂人性的退化，就從這裡出現了。

放逸表示一個人不能自治和自制，當然也就不能在心智上持續的成長。因此，我經常建議父母親，要培養孩子的自治、自制和成長的好習慣。剛一開始，當然需要一些指導和約束，漸漸的，他們就能自治和自制了。只要你留意孩子，對其正確行為表示肯定和欣慰，孩子的自治和自制力會越來越明顯，最後發展成主動性和責任感。

責任感是個人心智成長的另一個動力。願意對自己負責的人，他們會精進不懈。願意為工作負責的人，他們會不斷研究發展。成長之路就是從責任開始鋪設起來的。

心理學家葛拉塞認為健康的個體，建立在責任感這個基礎上。因此，要輔導一個人走向健康之路，重點就在幫助一個人面對現實、負起責任，而且要有正當的行動。

人若能面對現實，學習正確地解決問題，自我功能就會成長而臻於成熟，自然的，放逸與墮落也就不會發生。

4.行捨：保持平衡

人的痛苦和心理症狀是由於心理失衡而來。欲望太多會失衡，汲汲於鑽營會失衡，觀念陳舊會失衡，停留在過去的惡習也會失衡。人要面對現實才能解決問題，而不是把舊的情緒移情到現在來，這會模糊現實，做錯了抉擇和判斷。

捨去舊的知識，捨去原有的壞習慣，捨去過去的煩惱和不安，就能清醒地活在當下，有能力去處理現實的挑戰，保持生活的平衡。但要捨去這些舊貨，就得學習新知，培養新的情緒和態度。所以，人必須終身學習，日新又新，否則就會被過時的觀念所困住。

學習新知和能力，是捨去錯誤舊習的最佳法門。

有一次，一位滿面愁容的小姐來晤談，她傾訴了童年時代受到嚴格管教的往事，以致日後的她一直不快樂，人際互動有困難。我聆聽下去，發現她似乎在證明自己今天的挫敗是由於父母親的管教不當。於是，我問她：

「妳是否真心想擺脫過去的陰影和痛苦？」

「是的。可是我擺脫不了。」

「如果妳真想捨棄舊經驗的干擾，那就先學一些正確、新的、能令你快樂的習慣。」

於是，我們開始交換意見，找出可以令她快樂的行動計畫，包括拜訪一個以前跟她最談得來的朋友，安排星期假日做一些建設性的活動、參加讀書會等等。她一項項列出行動計畫，真的去執行，每星期來討論進展如何。不多久，她已培養了新的生活習慣和態度，也感覺到過去的不安和拘謹有了緩解。

捨又代表著給予別人、關心別人、協助別人得到成功或成長。一個能捨得自己的金錢、時間和心力，去幫助別人的人，除了自己的胸襟得到延伸，獲得自在感和價值感外，更能與人結緣，帶動人際互動。捨是一種給予，它孕育了愛人的能力，使自己更健康，更有活力。

5. 不害：培養愛心

《唯識論》上說：「為何不害？於諸有情不為損惱，無瞋為性。」不害是一種大慈大悲的愛。愛是和諧與共存共榮的基礎，也是個人幸福的根本。

我們的生命來自愛，成長於愛，最後也要回歸於愛。

人因為相互扶持，所以有安全感；因為互相啟發，然後才有文明與進步；在精神層面上，因為有彼此的互助和安慰，才有安適與快樂。

一九六〇年代初期，美國賓州羅塞圖（Roseto）這個地方，有一個義大利人的社區，居民的健康情形非常良好，心臟病罹患率低，對衰老和胃潰瘍有較好的抵抗力。天普大學醫學教授沃爾夫（Stewart Wolf）在他的著作《羅塞圖的故事》

中指出：「這個社區裡的居民，很明顯地可以看出他們彼此和睦，無條件互相扶持，家庭成員的關係親密而強固。最令我印象深刻的是對老年人的尊重，社區裡沒有一個人受到遺棄。」不過這個社區隨著社會變遷，他們彼此緊密支持的連繫打斷了，到了一九七〇年代中期，這種美好已不復存在。沃爾夫說：「由此證明，健康的因素實在包含很廣，像人與人間的信任、誠實、忠誠、合作精神等等。就預防心臟病而言，倫理可能比慢跑和少吃奶油要來得重要。」

「不害」的另一個因素是放下敵意。心理學研究指出，每個人在受到挫折時都免不了會憤怒。憤怒是個人在遂行其目的受阻時，很自然的反應。不過，這時如果有了敵意，就會衍生成暴力、攻擊和惡鬥。

善心所是一個人精神成長的途徑。人類要提升自我的心靈生活，就得從這十一個善心所努力。以上把十一個分類成三個部分：發展自尊、面對真實和學習自律，並有詳細的闡述。相信這些因素，具有嚴謹的結構性，它不但是個人精神成長的指引，同時也是教育、輔導和諮商等助人的重要工具。

2 煩惱的根本原因

煩惱，是指生活、思想和行動的迷思，所造成的痛苦、邪惡和不幸。煩惱的產生是由貪、瞋、癡、慢、疑和不正見所造成的。

唯識心理學所謂的煩惱，是指生活、思想和行動的迷思，所造成的痛苦、邪惡和不幸。煩惱的產生是由貪、瞋、癡、慢、疑和不正見所造成的。煩惱是一種心病，它會擴大負面影響力，因此，要從中解脫。事實上，人類的不幸、心理失常和災難，皆是煩惱法引起的。

1. 貪是煩惱之首

貪是一種匱乏的心態，它使人如饑如渴地追逐，為達目的不擇手段。在十法界（十個精神生活的等次）中，餓鬼道的眾生，其長相是皮包骨，瘦得可憐，肚子卻像鼓那麼大。他囤積了許多東西在肚子裡，卻沒有拿出來生活享用，所以精神生活顯得營養不良，而變得骨瘦如柴。餓鬼的口裡吐火，咽喉像針那麼細，食物拿到手裡即刻變成灰燼。財富是拿來佔有的，未經咀嚼和吸收，所以咽細如針。由於不斷追尋和佔有，焦慮不堪，火氣很大，所以口中吐火。食物一到手，因為忙於追求，故「食而不知其味」，所以變成了灰燼。這個比喻很像功利的現代人，永不滿足的追尋和佔有，卻忘了生活自身，而使自己身陷煩惱和焦慮之中。這種為追尋而忘了生活的現象就是顛倒，又稱作倒懸。

在《盂蘭盆經》中說，目連尊者修行到有神通力時，發現自己的母親墮落在餓鬼道之中，其形貌和遭遇如前述的慘烈痛苦，於是請教佛陀如何營救母親。佛陀告訴他在七月十五日羅漢解夏自恣日時，請他們現身為母親說法，教她放棄貪婪，學習恬淡，才得到解脫。人類的最大痛苦和罪惡，就是來自貪婪。

2.瞋恚引起的邪惡

犯瞋恚的人面目可憎，失去理性和正念，造成許多惡業。十法界中的阿修羅就是犯這種惡業的眾生，他們情緒不穩，憤怒填膺，交相爭鬥。人類的戰爭、暴力和傾軋，都從瞋怒中來的。瞋怒使人失去理性，造成更多衝突。

瞋怒的情緒不但影響健康，更會破壞人際關係，阻礙和諧與合作。家庭生活中，若經常起瞋恚，則溫暖和快樂漸失。教育子女以瞋怒為手段，親子關係變得疏離，子女心理會受到嚴重創傷。犯罪青少年大部分來自以瞋怒管教的家庭；心理不健康的青少年，與父母的凌虐和凶暴亦有密切關係。

3.愚癡所產生的障礙

現代社會變遷快速，如果不隨緣成長，不終身學習，就會變得無知而被淘汰。無論是經濟生活、生理調適、資訊網路等方面，沒有跟上時代進步，生活就會有大障礙。不久的將來，不會使用電腦的網路資訊，將會使自己成為半個文盲。

唯識心理學對於愚癡的解釋，特別強調自我的執著，一個不能延伸自我、建立無緣大慈、同體大悲的人，會受困在自我中心的痛苦之中。

4.我慢引起的痛苦

自我中心、不能了解別人、欠缺與他人同理的人，在感情生活上會有嚴重的挫折和衝突，因為我慢的心理，與別人交往困難。我慢的人一則自視甚高，一則別人不願意跟他接近，於是孤立、寂寞、失去溫暖和親密感，這會使人因疏離而產生心理症狀。

人需要互相支持，互相關懷。心理學家曾經追蹤長期住院治療的慢性病人，發現寡居女性是已婚的三倍，鰥居男性是已婚者的八倍；無依無靠的單身漢是已婚者的二十一倍。他指出孤獨是健康的殺手。我慢很強的人，既孤獨又缺乏溫馨的友誼，所以身心健康都會受損。

我慢也代表著性急，許多心理學上的研究指出，他們的煩躁和挑釁行為，會使他們得心臟病的可能性提高。

5.疑所產生的困擾

疑產生不安、緊張和焦慮，它是焦慮性精神官能症的主要原因。不安和懼怕是心理疾病的根源，它使一個人變得故步自封，不敢做新的嘗試，同時抗拒學習新的事物。

6.邪見引起的煩惱

被成見、偏見、迷信和錯誤的觀念所困。人被錯誤的觀念牽著走，往往是不自覺的；一般人迷信風水和求神問卜，往往使問題的重心被忽略，造成知性的萎縮。迷信的宗教，可以給人一時的慰藉，但會造成智慧的衰退。錯誤的人生觀，看起來是個人思想的自由，但會引發自我傷害或消極、偏激等行為。

3 隨著煩惱衍生的情緒障礙

貪、瞋、癡、慢、疑和邪見六個根本煩惱。都是精神成長的致命傷，也是心理健康的障礙。人的幸福感和快樂，往往因為這些因素而遭破壞。

前述六種根本煩惱鑄成生活的迷思和錯誤，緊跟著產生嚴重的情緒後果。《唯識論》中把它稱做隨煩惱，依其性質及對人的傷害程度分成三大類：

1.小隨煩惱

這是不當的生活方式所併發的不當情緒，包括稍不如意就憤怒（忿）；心懷敵意、仇恨（恨）；掩飾、逃避和退卻（覆）；狂躁和暴行而傷害別人（惱）；嫉妒別人比自己好和想破壞他人的好事（嫉）；吝嗇小氣（慳）；欺騙詐取（誑）；諂媚逢迎（諂）；傷害攻擊別人（害）；驕傲霸氣、自我中心（憍）。它使人緊張焦慮，心理不安，所以是小隨煩惱。

2. 中隨煩惱

這是疏於察覺所帶來的困擾，包括缺乏內省不肯自我檢討（慚）；不顧社會的公義和愛心，一意孤行，不願相互扶持（不愧）。它妨礙心智成長，不能增進個人解決問題的能力，從而造成蠻橫和不講理的態度，所以是中隨煩惱。

3. 大隨煩惱

這是理性與情感失調引發的情緒，包括輕浮和不安（掉舉）；情緒低落不振（惛沉）；缺乏正確的信仰和信心（不信）；消極怠惰（懈怠）；放縱情慾（放逸）；失去記憶（失念）；精神錯亂（散亂）；錯誤的觀念和行為（不正知）。這些都會嚴重破壞理性和情感的正常運作，扭曲精神生活，故稱它為大隨煩惱。

人由於錯誤的生活態度，衍生為貪、瞋、癡、慢、疑和邪見六個根本煩惱。其實這幾種錯誤，都是精神成長的致命傷，也是心理健康的障礙。人的幸福感和快樂，往往因為這些因素而遭破壞。

隨著這些根本煩惱，會產生情緒困擾和痛苦。小隨煩惱是錯誤的態度和行動所引發的痛苦情緒；中隨煩惱是疏於覺察所導致的困擾和迷失；大隨煩惱則是理性與情感衝突所造成的更嚴重的困頓。

我們當然要避免這些錯誤和迷思，學習善法，過好生活。但也要追問，當我們的情緒墜入困擾，陷入憤怒、焦慮、緊張或沮喪時，我們又當如何自拔呢？以下再進一步說明。

4 轉識成智療法

只要個人能覺察情緒中非理性的部分，就能轉動負面的態度和情緒，成為心智成長的活力。

人只要活著，就要為生存負責，而且要回答活下去的意義和價值。然而，人有思考，有記憶，有情緒，會考慮未來，又會惦記過去；拿自己跟別人比較，又要讓自己過得好些。更重要的是，人有一個自我意識（我執），以自己為中心來看周邊的事事物物，擔憂自己的安全、名譽、財富和權力是否確保。於是，貪、瞋、癡、慢、疑和邪見就出現了。

這些根本的煩惱，與生活的活力是相依存在的，只要個人能覺察非理性的部分，就能轉動這些負面的態度和情緒，成為心智成長的活力，這個過程就是轉識成智療法。透過轉識成智的方法，我們可以把六根本煩惱化為成長的動力。

● 貪可以透過優點的支持和指導，化成積極主動的力量。

- 瞋可以在消除敵意之後，昇華為愛與公義的行動。
- 癡經過主動學習和理性的過濾，化為堅毅和肯定性。
- 慢由於生活與工作的歷練、能力的增加，可以轉成自信和肯定性。
- 疑可以透過成功經驗的累積和面對真實的訓練，化成謹慎的思考。
- 邪見經過科學和認知的經驗，可以轉為正確的知見。

1. 化貪婪為主動

我們的文化強調不要貪婪，貪婪會帶來痛苦、錯誤和迷失，這是正確的。但若在教育上，看到孩子有了貪婪的行為，我們就採取抨擊、批評和責罰，則容易使孩子自尊受損，更形虛弱，感覺匱乏，而產生更深的貪婪。如果在教育上，不懂得轉識成智，就注定要失敗。

現在我們把貪婪加以分析，便會發現它具有很強的目的性、主動進取性和佔有欲。只不過它的目標不合理，受到匱乏感所牽引。如果我們能支持它的目的性和主動性，並消除其非理性部分，那麼「煩惱即是菩提」，就能「轉識成智」，變成有益於精神成長的動力。在諮商中，當事人的「自我」如果受到支持，那麼不安和焦慮的強度就會下降。緊接著，他的覺察性提升，自尊變得比較健康，而有主動的意願去改正錯誤，發展積極、精進的生活態度。父母親可能看到孩子貪玩而嚴厲抨擊他：「你這個窩囊廢！整天都在玩。」這種對待方式，既貶損了他的「自我」，更沒有支持他值得肯定的部分。這樣缺乏啟發性的教誨，就容易陷入失敗。如果我們能看清值得支持的一面，找出表現不錯的部分，例如在玩電腦遊戲時，說「你反應真快又機智！」你跟孩子就有話說，他的自尊受到支持，大人也就有機會提醒他：「這確實好玩！但也要控制時間，做該做的功課。」這時，孩子的自尊較好，比較能控制時間，發展主動的學習。

2.化瞋怒為愛的行動

瞋怒是個體在遂行其目的時，受到挫折和阻撓的自然反應。這時，如果他有了敵意，就會變成攻擊或暴力；它往外發洩就是攻擊別人，可以用語言，也可以用武器或肢體暴力；它若往內發洩，就會自我傷害或自殺。反之，如果心中起的念頭是慈愛，就會產生義憤，為理想而堅持，努力完成該做的事。一位父親說：「孩子不接受我的建議報考醫科，他一定要學理科，我氣死了。」

「你很生氣，你心中現在是恨還是愛？」

「我恨鐵不成鋼，我當然恨。」

「你不是說你愛孩子嗎？那就把恨這種有敵意的心情換成愛，去支持孩子，接納孩子的興趣和性向。因為這是孩子的生涯，不是你的生涯，由他決定他心甘情願去努力，只有他才了解自己該讀什麼系。不是嗎？」

「他不知道將來就業的困難，我愛他呀！」

「你的苦心可感，可是你的愛要放在幫助孩子成長上，讓他有實力去面對他的人生，而不是去完成你指定認為好的人生。潮流不斷的變，它不是固定的，你的愛要放在啟發孩子的主動性上，由他來操盤，他才能夠在無常變化的生涯中，不斷做出正確的選擇。你能為他一輩子作主，永遠替他操盤他的人生，而且永遠跟得上時代嗎？」

「當然不可能。」

「那麼請用愛去幫助孩子實現他的夢想。」

這位父親一開始之所以震怒的原因，是把孩子的決定解釋成不聽話和作對，於是愛之深，敵意（對立情緒）亦增強。這就造成雙方的僵持，甚至無法溝通。

當他們的對立和敵意放下時，原來的愛，又變成生命的陽光。

3.化癡心為堅毅

痴這種特質是執著於某種看法，而無法做彈性思考。它僵持在己見而不能自拔。如果我們能增加多方面的見識和能力，願意去學習、思考和反省，癡的僵化和固著就會因而解脫，而原來的堅持性得到保留，就能發展為肯定性。肯定性愈好，愈能面對真實，平實表達意見，不採取鴨霸的方式屈服別人，也不會在遭遇阻力時退卻。

研究中發現，青少年以前，有較多生活和工作歷練的人，視野較廣，經驗豐富，在待人接物上，顯得較有彈性，所以處理人際和生活事務，比較順手稱心。一九八六年蓋洛普（Gallup Poll）曾做過調查，分析成功者的個人特質，發現他們比一般人明白事理、具有廣博的知識和多方面的能力，他們有好的生活和工作習慣，同時堅毅力也強。

人如果主動學習，就能透過增廣視野和能力，化癡為毅力；保留它的堅持性，形成肯定性（assertiveness）。

4. 化我慢為自信

我慢的本質是自我中心。不過哪一個人沒有「自我」的堅持呢？人要自我認同成為獨立的個體，就得有一個我。當一個人的自我認同失敗時，就會成為邊緣人格，其生活與工作適應困難，不斷出問題；不是幹不下去，就是與人衝突；時而不安其位，時而抱怨不滿，拈輕怕重，又缺乏堅毅努力的行動。

從兒童到青少年的過程中，自我功能得不到發展、成功經驗少、又得不到父母師長肯定的孩子，會從自信的不足，轉而成為傲慢的自我中心。他怕被別人瞧不起，所以不願面對別人給他的建議，更不願去覺察自己在人際互動中的現實，只是我行我素。這個因素，漸漸成習，拒絕反省和自我檢討，而成為非理性的態度和情緒。

青少年在自我堅持中，師長應幫他獲得多一點成功的經驗，特別是學業成績表現不佳的孩子，更需要幫助他在技藝、人際、說話、助人和團體活動等等的表現中，獲得別人的肯定。一個受肯定的人，才有勇氣把自我中心的「傲慢面具」拿下來，去做一位清醒思考、願意面對真實、並對自己的人生負起責任的人。

因而我呼籲父母和師長，每天想一想，自己有沒有指導孩子在其生活與工作中，做一點積極的小成就。還有，你有沒有深入孩子的生活經驗中，用慧眼看出他值得你肯定的事。只要把握這點，孩子的自尊就會健康，「自我」就不會崩解。每一個人都需要別人的關心，都需要別人的肯定，找些值得肯定的事去支持他，他就有自信。每個人都希望成功，幫助他獲得成功的經驗和感受，他就會成為堂堂正正的人。

5.化疑為審思

疑的本質就是焦慮不安。懼怕是焦慮不安的開始，長期的焦慮不安，則令個體無奈、無助感和沮喪。這是精神生活和心理健康的殺手。人類的心理症狀和痛苦，是從這個瘡口流出來的。不過，我們也發現，懼怕和不安全感，是我們「臨事而懼，好謀而成」的心理動力。轉識成智的契機也從這裡出現。此外，疑能引發好奇，只要自我功能夠，透過疑的好奇和試探，就能發展出觀察和學習活動，衍生更多新知和自我功能。

個體是在面對困難和阻擾時，開始起疑，思索其原因，想從中找到解決問題的答案。如果個體不能面對真實，透過觀察、分析、假設、求證去尋找答案，而僅憑著一時的想法，一廂情願說它就是怎樣，就會造成錯誤的知見，佛說這就是邪見。邪見無法解決問題，卻會帶來更多的不安。

個體無法解決問題，並陷入恐懼不安時，疑成為懼怕和不安的來源，從而發展為疑神疑鬼，懷疑會不會遭別人陷害，懷疑周邊的人在恥笑和排擠自己，懷疑是否有能力面對挑戰。於是信心開始瓦解，焦慮緊張的壓力漸漸把一個人壓垮。

當一個人無法承受這些壓力時，他會逃避到鬼神的保護傘裡，或者變得嚴重退化，像幼童一樣需要保護。最大的症狀是他很無能，需要強大力量的保護。他想像有一種力量可以保護他，期待著它出現，從而脫離現實。

另一種現象是尋找強而有力的靠山。當一個人得不到成就感、自覺孤立和無助時，他投入一個同儕，跟他們混在一起，不願清醒的思考，寧可跟著他們一起廝混，成為無知的惡棍。

疑的心力如果被帶到清醒的科學懷疑，它會使個人的自我功能日益提升，成為精神成長的動力，走向覺醒之路。禪宗的修行，是從疑門入的，疑的訓練能開啟智慧之門。

6.化邪見為正知

最後是邪見，這是一種錯誤的知見。當個人面臨困難與挑戰時，憑一時的直覺，一廂情願把它當答案，奉行不渝，那是很危險的。有的人人際關係不好，陷入孤立而造成焦慮和困擾，是因為他相信別人故意在排擠他，給他難堪。他並沒有反省思考自己的行為和想法，才導致他不敢去接近別人的惡果。這類事情在實務經驗中看起來真多。有些人人際關係不好，不肯學習與人相處的能力，卻歸因於自己眼睛不好看；有些人事業做得不好，未面對現實，致力於檢討和努力，卻歸罪於祖墳方位不對；更有人身體不好，未能檢視生活作息，去看醫生尋找答案，卻歸因於姓名筆劃不好。

在諮商過程中，個體在改造了祖墳和改變自己的名字之後，或許會產生安慰劑的效果。但如果不肯去提升自我功能，透過學習、成長和慈悲心，以發展精神力量，將來面對的，仍是新的困難。

邪見的背後，仍然存在著尋找正確知見的動力。諮商的要領是透過懺悔，「懺其前罪，悔其後過」，用覺性去思考。由於覺性即是佛性，實踐者將得到十方諸佛所護祐，而開啟正知正見。

每天懺悔心識中的錯誤，清除過去的業障，發出覺性的願力去生活，是治癒邪見之藥。人必須如此自問，我現在的目標是否正確？我在做什麼？想什麼？這些行動和想法能令我實踐目標嗎？如果不能，那我該怎麼做？好好想一想，然後努力去做，邪見自然離去，光明成功的生活即在眼前。

以上六種根本煩惱，可以透過轉識成智的機制，看出行為的缺點和優點，給予支持和肯定，使當事人的自我功能得到肯定，而變得強壯起來，就可以脫離原來的貪、瞋、癡、慢、疑和邪見的窠臼，展現光明的行動和態度，這就是轉識成智療法。

5 拯救情緒

憤怒、性急、焦慮、緊張、厭倦與無助既傷害身心，又干擾正確的思考和抉擇，不可不加以紓解。

人在六種根本煩惱的包圍下，當然會產生強大的壓力，形成情緒困擾和痛苦。尤其是生活在一個開放的社會，引誘多而欲望高，價值觀念紛歧，彼此衝突頻繁，社會變遷又那麼快速的情況下，人的壓力和挑戰殊多。

然而，很不幸的是，現代人生活於富裕的社會，接受磨練的機會不足，卻要去面對生活壓力大的職場，於是，情緒上的失調，就成為現代人的新瘟疫了。

隨著情緒上的困擾和痛楚，生活品質開始低落，社會上因情緒問題所造成的衝突、意外事故、犯罪事件和擾攘不安，也隨之升高。就個人的健康而言，亦大受影響，許多情緒性的疾病，例如胃潰瘍、心臟病、倦怠及身心症，已經成為時代病。其中最值得我們注意的是憂鬱與悲觀，它來勢洶洶，正肆虐許多人。

個人在受到較強的壓力或挫折時，最容易出現的情緒是憤怒、性急、焦慮、緊張、厭倦與無助。這些情緒，既傷害身心，又會干擾正確的思考和抉擇，不可不加以紓解。透過轉識成智，導引它，讓它宣洩和淨化，以維持心理健康和良好自我功能的運作。以下討論這四種最常見的負面情緒，及其轉識成智之道。

化解憤怒

個人被激怒的時候，如果能保持冷靜應付，避免怒髮衝冠，不但不會被怒氣衝昏了頭，做了錯誤的回應，而且有益於健康。

唯識心理學主張冷靜應付怒氣，而且要保持一種局外人的角度，去看一時的挫折和所遭遇的情境。所謂的局外人就是指讓自己從主觀的當事人，跳出來去扮演客觀的角色。想像自己如果不是當事人，你會怎麼反應呢？顯然怒氣中的敵意和受挫強度就會降低。

有時候，他們也採用「觀的法門」，把令人憤怒的事件，看成一個考驗的刺激，要看看自己會不會在這考驗中，不被激怒失態，從而引發理性力量，出來解決問題。

憤怒時暴跳如雷是不能解決問題的，它不但令人更生氣，而且會傷害身體。布魯克斯（Majorie Brooks）調查研究指出：「良性與惡性腫瘤患者之中，有極高的比例表示，過去一年中生氣比例較健康者多，而惡性腫瘤的人比良性腫瘤患者生氣得多，良性腫瘤患者又比健康的人生氣得多。」另一項研究則發現，幾乎不生氣的人和脾氣暴躁的人，比適當發洩怒氣的人，容易發生惡性腫瘤。

不過只發洩怒氣或壓抑怒氣是不夠的，必須能解決問題才行；發洩有時會更加激怒，壓抑的方式則會造成沮喪。如果我們能以社會和個人都能接受的方式去處理，才是解除憤怒的方法。

當個人受到屈辱或不公平對待時，一時會覺得怒火中燒，可是如果你能把握機會，不採取攻擊或反唇相譏，而把對方的錯誤指出來，怒氣就比較容易平服。一位先生在社交聚會場所，朋友把他不為人知的私事抖了出來，一開始他覺得難堪憤怒，可是他冷靜地回應：「老友！你已把我不想為人知的私事公告周知了，你令我羞得無地自容。」他指正了朋友，但不是用攻擊性的言語，或反唇相譏，而是說出他自己的感受，同時指正了對方的錯，這樣解決問題，使他扳回一城，容易回復平靜。

當你碰到憤怒的事，要想想看怎麼回應。倘若對方已怒火中燒，你要考慮延宕一下；如果有機會發洩，那麼請不要得理不饒人，以報仇和反擊的方式，怒罵對方。你的宣洩方式要把握：

- 對事不對人，並以直敘的語詞句法表達。
- 說出你的感受，而不是攻擊或批評對方。
- 注意時機的適當性。
- 把握語詞、語調和肢體語言的適當性。

在面對衝突的憤怒中，要當心非理性的語調會激怒對方，造成錯綜複雜的難題。為了維持理性的思考，及適當解決問題的思路，你要保持以下三個步驟：

- 停一停：讓自己在片刻之間冷靜。
- 想一想：強制自己認真想一想，自己的需要是什麼？光是發怒於事無補，那麼我該採取什麼行動、說什麼話，才能達到滿足需要的目的。

● 再去做：想好了，再去行動，就不會出岔。

倘若當時不便有回應，或者自忖做任何發洩都會帶來不利的後果，那就設法讓自己冷靜，採取擱置法：

● 告訴自己，改天找機會再談。

● 暫時放下它；事情過了自然水過無痕。

● 躲入散兵坑；雖然覺得難堪，但躲入散兵坑，不要讓自尊受到傷害。

● 把憤怒關在門外，不要把一時解決不了的事，帶進自己的家裡、床上或辦公桌。

● 透過信仰的力量，告訴上蒼今天我克服了一個憤怒。

憤怒這種情緒最容易衝昏頭。唐朝代宗時，宦官魚朝恩掌大權，他也學佛，有一次碰到朝廷的國師，便請教他：

「什麼是無明，無明是從哪裡生出來的？」

國師不但沒有直接回答，卻反過來揶揄激怒他。魚朝恩被激怒時，國師即刻告訴他：

「無明就是從這裡生出來的，現在就是無明。」

憤怒的情緒，一部分因性急而起，一部分是情緒的習慣。性急的部分，往下再做分析，而有關憤怒的習慣則是從父母師長那裡學來的。如果父母親能控制自己的憤怒，不隨便發洩，反而以轉識成智的方式對待孩子，孩子控制憤怒情緒的能力就比較強。比如說，當孩子生氣時，父母師長會對他說：

「你生氣了？冷靜一下，想想看該怎麼辦。」

「你憤怒？把不滿告訴我。」

「認清你的憤怒，它是情緒，不是事情的本身，先去做點別的，運動也好，找人聊天也好，再來把事情看清楚。」

有些父母師長自己就是憤怒的發洩者，甚至是報復者。這樣的錯誤身教，往往教錯了孩子。此外，青少年群聚在一起時，很容易互相暗示，造成群體憤怒，因小衝突而引發集體鬥毆事件，是亟需預防的事。

緩和性急

當個體承受壓力到一定程度時，就會產生性急。它既容易造成憤怒，又會使緊張的程度倍增。性急讓我們思考草率，缺乏耐性，以致在人際關係、工作效率方面都受影響。

性子急亦會影響健康，根據富利曼和羅士曼（Friedman & Rosenman）的研究顯示，那些好強、匆忙、容易動怒、不耐煩、有敵意的人，容易得到冠狀動脈心臟病。在管理學上的研究也指出，這類經理人員看似有魄力，很認真投入工作，甚至是工作狂，但他們的創意差，生產力反而低。

性急的人往往也感受不到生活之美，他們急急忙忙的奔波工作，享受不到生活中的樂趣和喜悅。禪宗的典籍中記錄著一位陳道婆的詩說：「高坡平頂上，盡是採樵翁，人人各懷刀斧意，未見山花映水紅。」這是非常生動寫實的描繪。性急和工作狂的人，會埋葬掉整個生活的快樂和情趣。

現在我們不禁要問，什麼是性急呢？性急的人有哪些行為特質呢？綜合各家說法，歸納性急的特質如下：

- 稍不如意會心亂如麻。
- 不屑與人閒談。
- 對於一般的生活情趣覺得無聊難耐。
- 對未完成的事偈促難安。
- 好爭強鬥勝，但輸不起。
- 容易被激怒。
- 等候時覺得焦灼難安。

如果你有上述特質，就算是急驚風的個性了，應該好好注意，做些修煉，保持心理平衡和冷靜。茲提出幾點建議：

- 修正急功近利的價值觀念。
- 學習禪坐或靜坐，並保持運動的習慣。

● 凡事給自己多一點時間，免得陷入急切跳腳的困境。
● 割捨行程表中過多的項目，以避免心力耗竭。
● 急起來時，請注意安撫自己，哼一首曲子放鬆心情。
● 留給自己休息的時間。

性急不是罪過，但卻會帶來身心的失調，令人生病並導致生活和工作效能的障礙。克服性急是人生的一種修煉，因為它關係到你的健康、生涯發展和幸福。

消除緊張和焦慮

現代人的緊張，來自忙碌、競爭、追求工作效率；緊張的背後隱藏著懼怕和不安全感。誠如佛洛伊德（Sigmund Freud）所說：「懼怕是世界之門。」懼怕這種情緒影響我們對周邊事務的看法，干擾個人的行動，也影響其健康。

基本的懼怕是每個人都有的，只要活著就有。人類透過懼怕，才會「臨事而懼，好謀而成」，讓我們懂得居安思危，凡事預做準備。人類的文明就奠基在懼怕上。

不過，當個人的懼怕和緊張發展到一定強度，危及個人安全感所能承受的範圍時，就會產生焦慮。焦慮是長期緊張的結果，焦慮有著無能、無奈和不知如何是好的強大壓力。

個體在緊張時，清楚自己為什麼而緊張，但焦慮則發展成一種普遍的情緒，個體並不清楚為什麼而焦慮，他會透過想像，造成更多的不安；任何不合意的事，都會引起他的不安和焦慮。長期的懼怕和不安、嚴重的心創遺留下來揮之不去的懼怕和痛苦，都會造成焦慮。

焦慮與緊張給個人帶來強烈的防衛性，不敢與人交往、交心，以及建立親密關係，當然也不敢去嘗試冒險。他們的特質是：

- 失去生活與工作的主動性和快樂。
- 受不安和懼怕的折磨。
- 不敢獨立思考或提出自己的主張。
- 有強烈的敵意和情緒不安定。

●容易轉化成身心症或精神官能症。

緊張和焦慮會抑制免疫力，而影響其健康。可漢（Shelden Cohen）研究它與感冒的關係，讓受試者接觸感冒病毒，結果發現壓力小的人有27%受感染，壓力大的人有47%受感染。

緊張和焦慮是身心互動的，這種情緒一出現，肌肉就會繃緊，手心發汗，血液裡的化學平衡跟著起變化。接著個體的行動、思想、感受、身體反應都跟著改變。因此，要消除焦慮緊張，可以透過肌肉鬆弛技術來處理。其次，也可以運動、大笑、歌唱、登山、旅行等方式，來紓解這類情緒。

消除緊張和焦慮，還可以採取觀想的方法，幫助你放鬆。首先你可以閉目想像自己處在非常擁擠的巴士裡，空氣悶、有人抽煙令你發嗆，人聲吵雜，你又內急想上廁所。一方面你被悶得如鍋上螞蟻，一方面內急憋得你受不了。這時車子停了下來，司機告訴你可以去方便，可以到外頭透透氣，你會突然覺得鬆弛、清涼和解放。

在唯識的修煉中，有一種內觀的方法，對於緊張、焦灼和焦慮，具有明顯的效用。當你感到焦灼、不安時，請你找一個安靜的地方坐下來，依以下步驟進行觀想：

- 閉目想像自己處在幽雅的林泉勝境，春陽灑遍大地，微風吹動花草樹木，想著安寧、恬靜和喜悅。
- 讓璀璨的陽光，溫和地照著你的全身，感受和風、香氣，晴朗開闊的蒼穹撫慰著你的肌膚和面頰。
- 想像亮麗的春景和清涼的勝地，就在你身心的內部，你等同於那溫暖、光明、清涼的勝境。
- 把注意力集中在那清澈的涓涓流水，流遍身心；想像春陽和煦照遍你的內在世界。

這種想像法，能使人紓解焦慮。它所用的是觀的法門，從直觀進入內觀，又從心象引導內心的安寧和平靜。這時，配合徐緩的深呼吸，讓橫隔膜往下推，就能進一步產生定的感受。

焦慮和緊張還有一個根本問題：自我中心的生活態度。若把生活中的事事物物，看成攸關自己的名譽、安全、價值和前途，就會牽一髮而動全身，給自己帶來無限塵勞，壓垮自我功能，以致在生活和工作上失能。

所以，每一個焦慮緊張的人，都要進行一種內省，清除不合理的招攬，問問自己：

- 這件事我該煩心嗎？釐清它，如果不屬於你該煩心的事，就該放下它。
- 檢討一下，即使是你該煩心的事，但已無濟於事，煩心也沒有用，那就放下它。
- 想清楚，在現實生活中，找出真實該做的，專心去做，反而能忘懷你的焦慮和緊張。

焦慮和緊張是心靈世界的污染物，要注意加以清除，否則會帶來諸多痛苦和身心的障礙。

排遣沮喪和厭倦

唯識心理學啟發我們，生活本身就是目的。你的工作、娛樂、財富和權力，都必須回歸到生活。生活是一件簡單的事，所需要的並不多。但是我們的心卻不甘寂寞，不停的追求。從兒童開始就追求成績，尋求讚美，希望勝過別人。最後養成了一個習氣——不停的工作。這使個人疲於奔命，耗盡身心之力。本來工作是為了生活，甚至是生活的一部分，現在卻顛倒過來，人們把工作當目的，把生活當手段，生活被忽視和扭曲，因而失去快樂的心情。

日復一日，大部分的人失去天真的喜樂，忘了要過喜樂的生活，一頭栽進工作和鑽營之中，滿心都是計較和競爭。緊張與焦慮，摻雜著挫折、憤怒與失望，終於心力耗竭，感到厭倦和沮喪。於是一種憂鬱之感襲上心頭；隨之而來的是一種沒有希望的無奈情緒。

每個人都具備潛能，發展自己的潛能，會帶來喜悅和興趣。然而，我們的教育不重視潛能與興趣的引導和培養；父母親也疏忽啟發孩子的主動性。於是，造成一窩蜂的升學和讀書，卻疏忽主動學習、創造和發展潛能的喜樂。

由於社會上功利價值所趨，加上教育上忽略個人潛能的啟發和主動學習的培養，生活不快樂的人越來越多。有些人在高度競爭下，失去生命意義的追求和潛能開展帶來的喜悅，造成了沮喪和憂鬱。

許多心理學家指出，二十世紀是緊張焦慮的時代。現在二十一世紀卻是一個沮喪和憂鬱的時代。我們應該有所反省，避免掉到這個精神生活的陷阱。其實，從研究統計上看，憂鬱症的人口數正持續增加，而具有憂鬱特質的不快樂人口，合計有四成之多。

沮喪與厭倦的情緒，有兩個可能的引爆點，其一是悲觀的思考習慣，他們無法區隔挫折或心創，把一件創傷或挫折，習慣性地看成是全部人生的失敗，像洪水氾濫一樣，使整個心理世界變得一片絕望和無奈。其二是潛能受到壓抑，他的才華、活力和興趣，因為某種原因被壓抑下來。生命的喜樂來自實現和興趣，一旦受到壓抑，快樂和生活的意義感與價值感，自然隨之消失。

克服沮喪和厭倦，有兩個明顯的線索，其一是開展自己的潛能，在現有的工作或依自己能力所近，找出新的目標和價值，努力學習和工作，你會發現內在的主動性重新復甦起來。一位老師在陷入沮喪之後，重新振作出發，決心創造新的教學法，啟發孩子科學研究，設計多元智慧的教學活動，付諸實施。她不但找資料解決問題，認真思考設計教學活動，同時還帶著小朋友做許多實驗。她說：

「當小朋友從觀察自然中，得到一點心得時，他們驚奇的眼神和主動求知的臉龐，真美！真動人！」

「孩子們的語言，有著非限定性的滲透力，把他們求知的感覺表露無遺，我受到感動之深，難以形容。」

「孩子們的創造力，也引發了我的創造；我們分享學習的心得，有著無限的喜悅！」

這位老師從憂鬱和沮喪中甦醒過來，她不再無助和頹喪，而看到生命世界中最令人喜悅的一條小徑。她說：「教學工作只是一條人生的小徑，但這蜿蜒小徑上，卻有數不盡的小花，欣賞不完的風情。我重新找回自己。」憂鬱大部分來自潛能的壓抑，以下是走出憂鬱的方法：

● **找出自己能做的事，真心去喜歡它、創造它、經營它，並與人分享。**

- 透過努力，找出更多價值，使工作和生活結合在一起，構成生活的意義和充足感。
- 培養體力，透過運動，郊遊和旅行，使自己有好的體能。
- 多交積極樂觀的朋友，你也會感染到振作和喜樂。
- 參加親朋好友的活動，社交能讓你不寂寞，同時得到好的人際支持。

學習樂觀和發展潛能，是一個人擺脫憂鬱和沮喪最有效的方法。不過，憂鬱的人有著嚴重的被動性，剛一開始，必須有諮商工作者的協助，建立行動計畫，不斷考核、討論和鼓勵，一段時間之後，當事人就可以化被動為主動，開始對自己的生活和工作來電了。

每個人都需要社會支持，都需要朋友，才會有溫暖；當然，每個人也需要溫馨的家庭，以培養好的心境，並撫養健康的下一代。接著，人都需要工作，它支持我們的經濟生活，也是生活的一部分，你必須認真投入，用心創造它，才會有成就感。最後，要以生活為目的，回歸到生活的豐足和喜悅，去創造它、經營它、享受它。這才是健康的人生。

伍 生命的終極意義

悟

尋找生命的歸宿

你注定要用手中的彩料，
去彩繪自己的人生，
並從中彈奏出喜樂和豐收的樂曲。
最後，將它獻給永恆的宇宙，
恬淡地拍拍手走開，
什麼都沒有帶。
只懷著一顆覺悟的心，
踏進高層的精神世界。

1 人生如旅

人生雖然如夢，卻不可以醉生夢死；因為我們要在如夢如旅的生命過程中成長，讓我們的智慧和精神力得到啟發。

生命從誕生開始，就不斷學習與成長。透過學習和調適，精神力增強，心智也越來越發達。每個人都用其心智，去面對自己的遭遇。生存的挑戰，帶來更多的成長和智慧。生命就像北宜公路一樣，遇到大山，就迂迴前進，歷經過九彎十八拐，才登上山峰，接著翻山越嶺，極盡曲折，才達到目的地。

生命的歷程是艱難的，所以要不斷學習和歷練，而且要把握正確的方向，才不致迷失，才能實現生命的意義。

現在，你一定會問，生命的意義是什麼？我們所創造的成就沒有一個人能在死的時候帶走，每個人都是空著手來，空著手回去，那麼意義在哪裡呢？唯識心理學把生命當成一個歷程（假），透過生命的歷程，讓我們內在的覺性與智慧得以成長和成熟。它在生命完成時，又有了一次轉彎；他看到一個光明的自己，面對一個柳暗花明的新精神世界。

每個人都有一個內在的我，它不是他的名字，不是他的自我觀念，也不是他的知識、經驗和情緒。這個內在我是一個空性的實體，但卻是個發展知識、經驗和精神力的根源。

人所受的挑戰和創傷，對個體而言，是一種學習和啟發，當他碰到困難時，要設法解決它，超越它，這時精神力和智慧也就得以增長，相對地生活也增添了幸福。

唯識心理學把人生視為一趟旅行，說人生如旅。雖然旅程結束時，我們無法帶回壯麗的山河，也帶不回秀色風光，但只要努力實現一趟成功愉快的旅行，內在的我就能得到更多啟悟和喜悅。

把生命看成一趟旅行，對於途中經歷的事物，就能以局外人來看待它，那麼情染就可以減少，煩惱和困擾容易消褪，這會令人更有心力旅行下去，直到生命的完成。

有時唯識家把生命視為夢，但還是要築一個好夢，夢醒時自己會自豪地說，「嗯！我做了一個好夢。」唐朝時白居易拿這個問題請教鳥窠禪師：

特入空門問苦空，
敢將禪事問禪翁，
為若夢是浮生事，
為復浮生在夢中。

鳥窠禪師的回答，卻直指當下，把生活解釋為夢，並對生命的過程，做了直截了當的回答，他說：

來時無跡去無蹤，
去與來時事一同，
何需更問浮生事，
只此浮生在夢中。

人生雖然如夢，卻不可以醉生夢死；因為我們要在如夢如旅的生命過程中成長，讓我們的智慧和精神力得到啟發，這是生命的意義，也是我們應有的終極關懷。

佛陀在《阿含經》中常對弟子提示，告誡弟子努力生活和成長，以便回答自己是否真正開悟，是否在心智上得到充分的成長。他告訴弟子，到終老時要如是反省：

我生已盡，
梵行已立；
所作已作，
自知不受後有。

我們要回答自己的生命是否實現慈悲和智慧這兩個課題，因為它是生命成長的「梵行」。如果你用它來實現自己的一生，那麼生活的幸福感和佛性的啟發，就同時得到成就。人生如旅，所作已作，但它只是旅途，重要的是這位旅者已經成長為圓成實的佛性。你就不會在原地踏步輪迴，而邁向高層次的精神世界。

從本書一開始，就提出這段經文，現在到了結尾，又重述它。因為這段話活潑精闢地表達了生命的意義與希望。

唯識家也把人生比喻成一場戲，戲演完了，無論是劇本、角色和道具，乃至劇情中的情節，都只是戲而已，重要的是這個表演者經過努力的演出，已經成為有智慧、有愛心的覺者。就好像是一位明星一樣，將回歸到更高的精神世界。

這樣去參透生命，世間的生涯、事業、家庭和幸福，與生命的終極歸宿，並沒有衝突。生命的過程就是向上的迴向，是天國或是極樂世界，就只是名相的差異了。

這樣去看生命，每一個人都是唯一的、獨特的，必須依自己的根性因緣去生活，在自己的遭遇中學習成長。每個人都在自己的人生中，學習慈悲與智慧。至於他的職業、貧富、貴賤、學歷以及性別，都無礙性靈的成長。

所以，眾生是平等的，佛陀在靈山法會上，以「拈花微笑」來表達生命實現的宗旨。每一個生命的因緣和遭遇都不相同，但每一個生命都可以實現，都能從生活中福慧增長，走向光明的世界。生命就像佛陀手中那朵花，無論你是什麼花，重點是花開了，實現了，而且對它報以喜悅的微笑。而能讓生命之華綻開的就是般若，即是佛性。

除了這個佛性之外，沒有別的可以修證，它就是《楞伽經》中所謂證自聖智了。於是，生命的最後終極意義不是一般的我識或自我，終究是一個覺性，充其量我們稱它叫覺者，而不是自我。

人的自我發展到了更高層次，它的信心和自在感就不會執著在自我這個「我相」裡，他一方面明白到我相只不過是收集許多自己和別人對自己的看法，所形成的概念而已，於是看清它原來是一個影子，不是真實的我，而從中解脫。另一方面，由於自我功能的成長，信心和自尊具足，於是不在執著於自我。當一個人能放下我執，而原本的覺性真我就自然顯露出來。這就是見性的契機了。因為圓成實的自性已經展現在眼前了。

於是，我們必須把唯識心理學的人格理論，做個解釋，以便對生命的終極意義有更深一層的了解。依唯識論的說法，人的「我」由三個部分構成，包括：現實的我（依他起性形成的我）、理想的我（由執著所起的我）和圓成實的我（佛性的我）。這三者的互動情形，表現出個人的自我功能、心理健康狀況。

2

現實我的超越

人如果沒有透過醒覺的功夫，會把知識當真理，把社會規範當鐵則，那麼這個我相所儲存的知識在事過境遷之後，會成為誤導我們的邪知邪見。

這是現實生活中所顯現的我，它是一團「識」的結合體，不是本質的我。現實我是個體透過「依他起性」所形成的一堆資訊和自我觀念。

從唯識學的觀點來看，自我觀念是個人生活經驗的產物，每一個人在日常生活當中，總是把別人對自己的看法、自己適應環境的觀感，以及生活上滿足需要的方法和欲求，結合成為一個我相。在這個我相裡包括了自己的種種心理需要、行為模式、情感的反應、能力和想像力。

現實我是自己與環境互動作用的產物，它本來是不存在的。換句話說，我們對自己所執著的自我形象，都是自性與因緣互動所產生的意識活動，而不是實存的。然而，這個被一般人認為是實實在在的我，在佛經裡卻被視為假我或影子，認為它不是本來就有的自性。《楞伽經》裡談到「無性」的問題，說自我本身沒有什麼可以具體掌握的自性，如果有的話，也只不過是生活經驗的因緣互動所產生的自我印象，而那些印象畢竟是外來的，不是本來就有的。如果拿因緣所生的我相當作自己，簡直就像把夢境當真一樣的犯了錯誤。然而實際的我是人類生存現象的自然表現，我們離不開這個因緣所生的我相，也不可能逃避這個我相，因為它是生活的軌跡與倒影，它伴隨著生活自然出現。這一來《金剛經》上所謂的「無我相」，指的不應該是沒有我相的存在，而是指一個人不要被我相所束縛，要從我相之中醒覺過來，否則就會墜入一個自以為是的自我中心裡，而生活在一個狹隘的心理生活空間，失去活活潑潑的生活力。

人類從生活中所形成的自我印象，還包涵了我們的生活經驗，它累積成許多的知識。但是知識並不是經驗的直接產物，它是經過智慧覺照之後所產生的現象。這些知識並不是恆常的，知識往往只是暫時的答案。因此，人如果沒有透過醒覺的功夫，會把知識當真理，把社會規範當鐵則，那麼這個我相所儲存的知識在事過境遷之後，會成為誤導我們的邪知邪見。

現實我是觸目遇緣的生活經驗所編織的知識、自我觀念和情感狀態。雖然它是環境的產物，但就現實生活層面而言，是不能予以否定的。對待這個現實的我相，只要能不執著於它，能空掉對它的執著，就可能把生活經驗的素材，化為提升精神生活的資糧，成就德滿圓覺的最高生命意義。

佛陀以空來教誡人，就是要我們放下那個非屬自性的我相，所以才在《楞伽經》中特別提出相無性，生無性，勝義無性。意思是說，你所能感受的我相不是本有的，而是外來的，所以叫做相無性。你心中所想像的欲望和理想，也是由自己意識活動所產生的，並非本來就存在，所以叫做「生無性」。至於「你想要追求」的第一勝義和究竟覺，也是你自己識的活動所現，它不是本來具有的，所以勝義也無性。

唯識心理學提出三自性和三無性的主要目的就是要告訴我們，一切的思想行為以及自我的觀念，都是依經驗因緣而形成，而不是真的有一個可以確切掌握的自性，如果有的話，那就是生活經驗所歸攝的意識活動。從佛經的理路來判斷，佛陀為了避免學生們把我相視為實在，而固執於我思和我見，反而失掉了覺察的能力，所以要弟子們「受諸受而無所受，因無所受而受諸受，所以不為五受所擾。」這麼一來才可能發揮智慧，光明遍照，故《中觀論》中說：

汝若破眾因緣法第一空義，

則破一切世俗法（不被我執所綁架）。

領會到這個道理的人，縱使他人對他非難，亦能真正做到「有過則改，無則勉之」，而不動於瞋怒，不發於愁思，不形於焦慮與憂鬱。平常為人，也就不會驕矜自大，不以高下分別來看世俗的事情。那時心平氣和，什麼事情也就看得更透徹了。

3

理想我的解脫

人總是在生活中刻意要與別人比較，才有了爭奪傾軋。想要滿足各種欲望，或者想要追求清譽而與世無爭時，都會產生攀緣，而攀緣將導致煩惱與痛苦。

個人在成長過程中漸漸形成現實我之後，就開始要跟別人比較，對自己做評估，希望自己比別人好，比別人強，比別人富裕，比別人能幹，這就由「遍計所執性」形成理想我。但是跟別人比較是永遠比不完的，總是有比自己強的人，於是在現實我與理想我之間開始有了矛盾，內心的不安和焦慮於焉產生，這是苦惱和心病的來源。人為了彌補這種比較上的差距，為了避免自己內心的衝突繼續下去，而設法尋求一些補償性的出路，乍看像是自我形象的維護，事實上則使現實我脫離現實，而更加執著，於是成為心理病症或病態人格的原因。

當一個人拿自己來跟別人比較時，無疑產生了許多不滿和自卑，於是設法要為自己塑造一個理想的我相。這個理想的我相，會經常這麼想：「我其實不是你所想像的那種可憐蟲，我表現給你看看，我就是這麼高貴，這麼慷慨，獨立自主與純潔無比。」於是他開始走向傲慢，追求榮耀，而追求榮耀與自卑之間卻充滿著矛盾。矛盾所造成的焦慮，可以折騰一個人的一生，也可以使一個人罹患精神上的疾病。

理想我是從遍計所執的作用形成的，同時也是自己思維所產生的。理想我源於分別識的比較和判斷，就生活經驗而言，它是價值判斷的主題，也是我們的毅力和意志力所寄。但若比較的結果給自己帶來一個虛幻的理想時，它就脫離現實而產生心病了，這個病本正是建立在對虛幻的攀緣上。《維摩詰所說經》上說：

何謂病本？

謂有攀緣，

從有攀則為病本。

人總是在生活中刻意要與別人比較，才有了爭奪傾軋。想要得到美色和名氣，想要滿足各種欲望，或者想要追求清譽而與世無爭時，都會產生攀緣，而攀緣將導致煩惱與痛苦。從心理學來看，人總是有了挫敗和自卑之後，才需要一個脫離現實的理想我來麻醉自己。這時他的真我就相對不能發揮功能，自我強度也跟著衰弱下來，而正常應付生活及解決問題的能力反而降低，生活所產生的焦慮也隨之提高。根據台灣大學心理學教授柯永河先生的研究，個人的焦慮與自我強度息息相關。自我強度如果大於生活壓力，就不容易產生焦慮；如果生活壓力大於自我強度，則焦慮的程度就隨著生活壓力而增強。

生活的壓力顯然與一個人的抱負水準有關，而抱負水準正是理想我所投影出來的自我期許。因此，理想我如果超過自己能力所能及的愈多，其生活壓力自然愈大，苦惱愈多。

4 真我的實現

生命走到終點時，不是問你得到什麼地位、財富、權力、健康等等，而是問你是否用手上的資糧，以悲智雙運的力量，去實現一個有價值的人生。

我們的內心也有一種光明性，它是個人內在的潛力，是一種無相、無生、無所謂勝義第一義諦的自性，也是智慧的本體，它就是圓成實性形成的真我。由於它是無相的，所以它能在任何形式思維中運作，能在不同的法界或範疇中存在，能表現出個人的創造性、恬淡、喜悅、自發自動的心力，同時也能表現出最純真的性情。它不受既有經驗的影響，而能發出真知灼見；不受分別好惡的偏見所隱瞞，而能表現出平直自由的判斷。這個自性是佛經中所謂「不可思議」的部分。什麼叫不可思議呢？因為菩提自性是無從詮釋的，它一經詮釋即刻變成形而下的限定性；它是一種形而上的本體，它如如實實地存在著。

自性是沒有性相的，是不能用增減的形式或量化來界定的，更無所謂最高等勝義。它是智慧，是人類能不斷提升和成長的「可能性」，是人類創造力和知識之不斷改造的力量。這種力量或可能性是無從描摹的，但一表現在生活上，則能透過智慧與大愛，去實現生命。

我們在唯識心理學上說要轉識成智，把意識和經驗化為生活的智慧，成為解決生活問題和證悟生命究竟的資糧，就要靠真我的功能。我們透過真我的智慧，把從眼、耳、鼻、舌、身所攝受的各種與料（因緣）化為成所作智，成為立功、立德、立言的菩薩行。把意根的活動轉變為妙觀察智，成為獨立思考的基礎。然後把分別識這種構成理想我的意識和分辨，轉變為平等性智，在眾生平等、自性清淨下，得到性靈上的自由。最後全部成就了大圓鏡智；亦即是成就一切功德而又不執取一分一毫；對一切眾生的布施和救度，都無所求；建立一切功業而無絲毫我執。這就是「無所住而行於布施」，是華嚴經教所謂的「無緣大慈，同體大悲」，這就是真我，也是清淨法身。

我們的生活是建立在心與境的不斷交互作用上，心是指內在動機、思想、知識、情感和潛意識的整體，我們可以稱它是人格。另一方面，境是指環境和別人對自己的觀感及交往之種種。這種心境的互動就構成了所謂的因緣。因緣就是構成現實我和理想我的基本因素，所以因緣所生的種種事相和心理活動，都是有為法，都不屬於自性（本有的天性），所以都是假相，而非實相。唯有透過自性的空性，去攝受由緣所生的生活經驗（俗諦），才可能周遍含容成就一切種智（中諦）。中諦就是真我的根本，是常、樂、我、淨的源頭，是生命實現的根源。

從唯識人格理論的觀點來看，當一個人的自我功能提升，自尊健康起來的時候，其對於自我（我相）的執著，也就漸漸放鬆，分別識所形成的理想我，也就不會脫離真實，從而化成主動性和成長的動力。這一來，內在的佛性也就能展現它的功能，去實現個人的人生。

現在我們可以從中看出生命終極的意義了。每一個人都注定要用自己的根性因緣，去實現他的人生，去學習與成長；透過一次又一次的轉識成智，一回又一回的轉彎。他在生命的歷程中，實現了愛，用智慧去實現它，完成他唯一、獨特的生命大戲。然後，從戲台上走下來，放下一切道具，而戲的主角已然成為一個悲智雙運的覺者。

生命走到終點時，不是問你得到什麼地位、財富、權力、健康等等，而是問你是否用手上的資糧，以悲智雙運的力量，去實現一個有價值的人生。